林 郁◎著

CHAOQIANG SHUOFULI

超强说服力

百花洲文艺出版社
BAIHUAZHOU LITERATURE AND ART PRESS

前言

想要得到成功，必须去驱使两种人。

一是他人，一是自己。

驱使他人的技术，随着心理学的发展而变得普遍化，例如拿破仑一定会叫出每个士兵的名字而得到人心；但是现在能力很强的生意人，能够叫出顾客或部下的名字，已经变成一种常识了。也就是说在古代是划时代的技术，现今已经普遍化了。

身处现代，如果能够运用心理学的手法使人相信说服他人或是要随心所欲地控制他人，并不困难。

不过，这就好像双刃剑一样。

也就是说，你自己也有可能受到来自他人的心理操作。原以为能掌控他人，没想到反而被别人掌控，不知不觉中受到暗示的经验，你有没有过呢？我在演讲或指导研修时，经常被问到——

"上司和下属的人际关系不好。"

"不懂得交涉、说服……"

"容易陷入负面的构思中……"

"感觉工作的能力不足。"

"总是觉得太勉强或浪费力量……"

仔细询问这些人的问题，发现原因几乎都是受到来自他人不好的暗示，或者受到某种心理操作。

若不知道这些心理的形成原因，想要自己按照自己的想法行动就很困难了。

一些"驱使他人"或是"自我暗示"的座谈会或书，实际上无法发挥作用，就是因为自己和他人的心理互相产生深刻影响的缘故。就像运动，进攻和防守一定要并重，取得平衡；心理学若是不能综合运用的话，也无法产生效果。

二十多岁的A君，因为专攻心理学而具有辩才，而且仔细阅读戴尔·卡耐基等人的著作，看起来拥有极高的奋斗志向；而同年级的B君读理科，不懂得掌握他人心理，也不注重出人头地，反而希望配合自己的步调实现自我。

现在他们都已经是三十五岁的人。A君转业之后独立创业，可是却没有办法展翅高飞；而B君出头较晚，且即将被降职。这两人代表的就是沉溺在操纵他人技术中而耽误自身型，以及误认为"只要自己努力就够了"而中了他人圈套型。

我认为心理学应该当作成功的综合教材来运用。了解自己的心理，不断累积，在自己和他人心中按下此"键"就能够得到好答案的方法吧！

这些成果就是本书。

实行起来非常简单，而且效果能够明确出现的心理技术整理为77则。只要运用本书，就能在复杂的人际关系中确立自我，同时看穿他人的行动和语言背后的真心，进行正确的应对。

如此一来便能够实现平衡的人生，而你自己也能获得成功。

目录 / CONTENTS

第三章　一切都要变成积极的构思——逆转思考心理

第四章　提升工作实力的自我暗示威力

第一章

让他人说YES的交涉、说服的技巧

成功的第一要因是什么？当然是拥有"让人说YES
的力量"。

商业是由不论商谈、交涉、会议、命令等，能够驱
使他人展现对自己有利的行动才得以成立的。能够贯彻
自己的NO，同时又使得对方点头，决定性的关键就在于
说服力。

有些人想要用理论或强迫的手段使对方屈服，有时
候有效，但大部分会遭到顽强的拒绝。

所以一定要知道人类只要借着一些心理的计谋，就
会轻易地说YES。无论是谁，都会有"无法抵挡的一句
话"。

因此，与其用"道理"或"利益"来驱使人，还不
如用"心理"来驱使人。下面为各位介绍一些能够抓住
心理弱点的方法。

1 要占优势必须选择座位

——史丁札的空间管理法

打算在次页所示的桌前开会。你当然希望自己的意见能够表达出来，那么你认为在会议中能够有利于领导的座位是在哪里？相反的，也有对你不利的位置。

也要考虑上司坐在哪一个座位上，试问你会选择哪个座位？

◆容易得到同意的座位、不易得到同意的座位

罗马喜剧作家柏图斯说："事先知道，有备无患。"

在宴会中，若是按照头衔或年龄就座，大概都知道谁在上座，谁在末座。但是交涉或会议，也有一些能够增强发言力的有利座位，或是意见会受到轻视的不利座位，能够活用的人或是不在意者，对于说服力会造成决定性的差距。

例如，右图所示的桌子座位，心理学认为①、③、

⑤是领导席。想要掌握领导权，必须早点到达会场，确保这些座位。

到底哪个座位最好？须视自己个性的类型和谈话内容来做决定。

想要坐在①或⑤的人，是属于为了解决问题，希望能够掌握当场气氛的精力型；而选择③的人，则是重视参加者的人际关系，希望以民主的方式与对方交谈型。你可以配合自己的个性类型来选择。

若是正式会议或交涉的话，选择①或⑤；若是希望参加者积极发言、提供建议的话，选择③的座位比较好。

至于②和④则是对于参与会议不热心的人之座位。如果每次都坐在这种座位上，表示你不知不觉就会成为不显眼的职员。想要避免被竞争对手超越，那么最好不要选择这种座位。

若是不得不选择不利的座位时，必须借着积极发言挽回座位不利的颓势。一般而言，右手为上席，因此从上司的视线来看，如果右侧座位空着，坐在那儿较好。

◆ "同志"安排在何处

法国波旁王朝首任国王安利四世说："击败敌人最好的方法，就是将敌人化为同志。"

坐在会议或交涉的座位上，必须掌握参加者的位置关系，以及发言背后的心理，才能诱导出对自己有利的话题。

这也可以说是史丁札效果的应用。心理学家史丁札研究小团体的生态，提出以下三大法则的报告：

①以前曾经在讨论中发生争执的对手参加会议时，不论是谁都有坐在这个人正面的倾向。

②发言结束时接着发言的，不是意见的赞成者，而是持相反意见的人。

③如果议长的领导能力较弱，会想和坐在正面的参加者说话；相反，若是领导能力较强，则有想和邻座谈

话的倾向。

这些法则，可作如下的活用——

①如果还有几个空位，某人坐在你的正面，表示这个人不论任何事可能都会提出与你相反的意见。虽然有这样的心态，如果希望讨论顺利地进行，有时可以让自己的同伴坐在意见相反者的邻座，采取这种对抗的手段。

②在你陈述完意见之后，立刻有赞同者接着发言。也就是说先设下暗桩，不断增加同志也是有效的方法。如此一来能够封住其他人反对的言词。但是也应觉悟到，万一对方提出相反意见，那你想要获得赞同可能便煞费工夫了。

③由第三法则立刻判断出你所掌握的主导权是强还是弱。借此决定是要加快会议进行的速度，或者暂时休息，这是决定主导权强化的心理压力手段。

——会议或交涉的主导权，不光是由发言内容的正确与否及立场的强弱来决定的。有时会借着这种心理效果，补强较弱的内容，巩固较强的立场。

2 制造难以说不的状况
——放长线钓大鱼的技巧

商业上有时会面临对方无理的要求。

此时有让对方毫无抵抗地说YES的有效心理技巧。

你以往是否使用过这种计谋呢?

◆ "拜托一下"所造成的心理影响

塞万提斯说:"我不想要,我真的不想要。但是把它放进我的头巾里吧!"

进行让对方非常讨厌的调查,内容为"想知道你们家的橱子和抽屉中放了什么东西,请拿出来看看!"利用以下三种方法做实验:

①直接拜访对方,请求"协助调查"。

②事先打电话,说明调查内容之后再拜托对方。

③先拜托对方接受与调查有关的问卷填写,得到同

意之后数日，再请求对方接受实际的调查。

——结果答应的人①占22％，②占28％，③则达到53％。

这就是所谓放长线钓大鱼的心理计谋。先把脚放入门中，再让对方慢慢地把门打开，从简单的事情开始，而后即使是无理的要求，也能够让对方答应。

也就是说人类会有一种强烈的倾向，会遵守自己行动的一贯性，一旦答应一件事之后，日后再拜托他时就很难拒绝了。

所以当对方不高兴时，能够让他轻松答应进入主题的这个方法，经常被利用为诈欺的手段。例如最初只借一点点钱，归还之后慢慢地就越借越大笔钱。这类犯罪行为屡见不鲜，证明了放长线钓大鱼的效果非常大。

◆消除警戒心的魔术

罗马喜剧作家普布里斯·西尔斯说："虽有变化，但是反复出现的快乐不见得是让人愉快的快乐。"

　　这是在商业上经常使用的手法。例如要使客户答应与你交易时，不要一开始便强迫对方，应该先打电话与其接触，从一些能让对方轻松答应的小诱惑开始，等到门打开之后，再经过几次的YES进入主题交易，则成立的可能性就提高了。

　　当然，这对于交涉场合的防御也有效。当对方若无其事地进行引诱时，很多人都会"打开一道门缝"看看情况。

　　此外，放长线钓大鱼的技巧也可以活用在一般人际关系上。每次都和对方轻松地交际应酬，最后再提出比较困难的事情，虽然对方会觉得"好像中计了"，却很难拒绝，相信一般人都有这样的经验。所以你也可以下意识地使用这招。

　　人在不知不觉中会使用这种技巧。例如想邀请女性约会时，开始会说"大家一起去打网球"，这样对方较容易同意，等到下一次约她去听音乐会，对方会逐渐把心门打开。这是追求女朋友的老套手段。

　　有意使用这种方法的人，和无意识中才会使用这种方法的人，在应用力上会有很大的差距。

3 使对方迅速敞开心扉的方法
——光圈效果

圣画或圣像、佛像大都会有后光（光圈）。即使祈祷的对象不同，但是后光会使得画或像看起来更庄严。而人类也有一种心理，认为与其和没有背景的人交涉，不如和有背景的人交涉更为有利。当然，有强烈的后光比微弱的后光更具说服力。

你具有何种背景，而且如何加以活用呢？

◆别人会相信你哪一点

罗马哲学家塞内卡说："有些人看起来非常伟大，是因为连他的台座一起测量之故。"

"上周到A公司洽谈生意，结果吃了闭门羹。后来请了和A公司相熟的B教授写介绍信，昨天又去了，结果对方热情地招待我，生意亦谈得相当顺利。两种态度真是有如天壤之别。"

在我们周遭，经常听到这类议论。也就是说本人单独的力量比较小，若能借助具有势力的背景力量，就能使谈话顺利进行，对方能够接受。

这是理所当然的事情。

通常人们在评价某个人物时，具有从此人的背景关系来评论的倾向。这就是称作后光效果（光圈效果）的现象。

例如，散发光芒的太阳或月亮，看起来比平常更大，这些光芒就称为"后光"。也就是说在人类背后的东西，可以提高个人的评价，谓之后光效果。

若是有意利用后光效果，即使与对方头一次见面，也能够轻易地得到信赖。

像是骗子谎称自己与某政治人物或财经界人士有关系而博取信赖，一些男人摆出自己颇具社会地位的姿态来欺骗女人，在心理学上都是同样的手法。

后光不可以乱用，若是个人有正当的后光，应该积极地利用。如果没有，就要制造后光。

小至上司的口角，大至与知名人物同桌，对"后光"这个人自身而言只是简单的一件事，于你来说却是极大的援军。

但是对于所属公司的大小和头衔产生的后光效果过度依赖的话，有时反而会让别人看轻。不要忘了自己制造的后光最有价值。

◆利用第三者的权威

德国大文豪歌德说："只要肯定竞争对手的优点，就能得到最大的利益。"

比光圈效果更具效果的，就是基于海达平衡理论的说服。

人类具有寻求稳定关系的倾向，心理学家海达用如P14图示的三角形来说明这个心理。

自己是P，他人是O，视为对象的观念或人物等为X，借由这三者的关系来推测人类的行动时，就会清楚地看见进攻对方的哪一个弱点较容易成功。

例如，你所说的不为对方O氏信任。

这时可以假托O氏所信赖、尊敬的第三者X氏之名说：“X先生也是这么说的。”这时对方就会形成如图-1所示的不稳定心理状态。为了消除这种不稳定，O氏就会想：既然X先生也这么说，一定不会错，因而接受你的意见。

如此一来，以往的负面会变化为正面，而与你自己的关系也会变得更顺利。O氏对于第三者X的信赖程度越大，效果越强，所以在说服或交涉之前，心里就要先准备好这类人物以便运用。

此外，责难对方所讨厌的观念或人物也很有效。你否定这个人或观念的程度越强，对方就会越认同你、喜欢你。这种情况如图-2所示，也就是活用“敌人的敌人是同

**基于平衡理论的
人际关系图**

第三者或观念

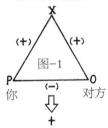

图-1

对方的竞争者等

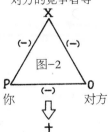

图-2

志"、"口出恶言就能消除恶意"的心理技巧。

　　不过恶言过多会降低你的品格，同时恶言容易传到他人耳中，因此要慎重，不要从身边寻找X。

4 听对方不经意说YES的方法
——同调行动的活用

　　看到一家餐厅门前大排长龙，第二天，甚至一周后都是如此。看到这种盛况，你能够压抑住想进这家餐厅的欲望吗？

　　这种心理如何活用在商业上呢？

◆扔出潜在的不安

　　巴斯克俗谚："山不需要山，但是人需要人。"

　　在冰激凌店或是面店前，经常看到排成一列的队伍可以召唤顾客的现象。到大拍卖现场一看，原先只聚集几个人，但是后来人群会加速扩大。

这种情形源自人类看到有人聚在一起，心里就会想：这些人聚在这里购买，可见一定是好东西。而且还会产生一种"如果不赶快买，就会被抢购一空"的不安。

人类具有想要和自己同样立场的人展现类似行动的倾向。

心理学将自己所属的团体称为依据团体，大部分的人都想展现与属于依据团体的他人同样的行动。

一些厉害的推销员就能巧妙利用这种心理。

例如，台湾市民几乎都属于中产阶级的依据团体。所以如果让他产生"只要是中产阶级都该拥有这项商品"的想法，甚至利用"每个家庭都该准备一套"的说辞，不断鼓动对方，就很容易签下合同。

"既是顶尖的企业，怎么还没有购入这种商品呢？""和你同级的人都在使用了呐！"之类的话语，能够刺激出同样的心理。

如果引出竞争对手的话，也可以说："A公司已经使用本公司的制品了哦！"这种说法亦颇有效。

希望展现与他人同样的行动称为同调行动。很多人认为如果不取得同调行动就无法安心，能够巧妙掌握人类这种不安心理，不但在推销上大有助益，甚至也会成为商业、人际关系好转的关键。

欲使交涉或谈话有利地进行，一定要记住这些进攻心理弱点的方法。

5 封住反驳理论的技巧
——脱离紧张法

"一般人往返月球的旅行要在十年内实现"、"癌症治疗法至少要花上二十五年以上的时间才可能发现"之类的文章，让两组被实验者阅读之后，询问他们赞否的意见。通常只是阅读的人不会赞同，但是一边吃花生、喝可乐一边阅读的人，大多数会赞成。

由此可知，饮食所造成的心理影响十分大。

◆在熟悉的场所谈重要的话题

海布莱说："准备好餐桌吧！这样子就能够消弭纷争。"

为使交涉有利进行，掌握人际关系的主导权，场所的选择非常重要。首先要注意的就是必须把对方引进自己的领域中。

例如，职业棒球队在主场的赢球几率比远征客场高，这是因为拥有较多有利的因素，既有球迷热情加油，又熟悉球场的状况，最重要的是"这是球队的根据地"之精神安定感，对于选手心理会产生正面的影响。

如果交涉的场所能自由选择的话，请对方到自己的公司来当然较占优势。不过，如果要招待对方，第一次可以对方的嗜好为优先考虑，到了下一次则邀请对方"到我熟悉的店里吧"。

此外，尽可能要选好饮食场所。

政治家的世界有所谓的"饮食政治"，而美国商业界也会一边商谈一边进食，称为"权力午餐"，由此可知饮食对于说服具有非常强大的效果。

这也是如开头所示心理学上呈现的法则。人在吃东西时容易被说服，这是因为进食会削弱紧张感，所以较容易听进对方的话语；况且吃东西时不方便开口发言，也比较不会引起争执。

如果饮食的提供者和负责说服的人是同一人，那效果就更大了。尤其当对方对你有负面的感情时，可以采用一边吃东西一边说的策略。

6 声音能够增强说服力
——梅拉比安公式

美国心理学家梅拉比安将人类依据何者判断对方的比例化为公式。就是"知觉态度＝语言×7%＋声音×38%＋脸×55%"。换言之，人类会以对方的脸作五成以上的判断，将近四成受到声音的影响，利用语言的信赖则不到一成而已。

你是否能够检查自己的声音和说话的方式呢?

◆为什么声音较低能够提高信赖度?

英国政治家迪斯雷尼说："声音能确实地表现性格。"

根据关于音质的研究报告发现,声音大、低沉、响亮的人比较外向,具有领导能力,而且说服力较高。

一般而言,低沉的声音与较高的声音相比显得洗练,且性感、比较男性化,具有安心感,因此容易让人接受。

在商业场合,通常会注意脸部表情、遣词用字,但是很少人会考虑到声调的问题。这是因为有种先入为主的观念,认为"声音是天生的,不能改变"。

但是现在由梅拉比安的公式引导出将近四成的说服力是由声音来决定的心理法则,那就绝对不能忽略。要促使对方关心、想说服对方时,一定要学会声音的使用方法。

即使无法作声音训练,也要尽可能用低沉又响亮的声音说话。

只要学会一点点的秘诀就够了。注意话不要说得太快，训练的方法不妨以阅读报纸的社论来进行。

此外，要有抑扬顿挫。花点功夫习惯在谈话途中能够利用声音做各种表现，平板的声音绝对无法产生最佳的商业效果。

习惯发出声音之后，再练习对着镜子说话。

这时你就会发现在镜中出现一个你以往完全没有察觉到、具有说服力、给人极佳印象的另一个自己。

7 决定谈话结果的五分钟技巧
——共鸣法

某位推销员在推销商品时认为，如果最初的五分钟不能刺激买家的话，则之后再怎么下工夫，对方也不会产生购买欲。总之最初的五分钟是决定胜败的关键。

你是否赞成这种说法呢？

◆最重要的时机是谈话的最初或最后呢？

美国剧作家田纳西·威廉姆斯说："时钟滴答、滴答、滴答的声音意味着损失、损失、损失。为避免这种情形发生，一定要多努力。"

生意具有接触、示范、成交的顺序。如果从这方面来说的话，那么最初的五分钟当成胜败的关键，就未免太心急了；不过优秀的推销员在与对方接触时，就已对对方的潜在意识输入了"这个商品很好，应该要买"的观念。

也就是说为使生意能够顺利进行，在对方产生购买欲望时，必须强力地推波助澜，最初的五分钟是双方能够集中精神洽谈的时间限度，接下来就是关于条件交涉或相关商品的建议。

如果见面几次之后，话题仍无法顺利地进展下去，则任何的生意或交涉都无法成功。在这种情况下，双方会有"这次一定要决定"的最后一次建议出现。而这最后一次的最初五分钟内必须倾注一切说服力和热情，才能使得交涉的颓势好转。

也就是说想要利用这"最初的一击"决定对方的心意，必须在平时就培养这种五分钟的感觉。

其中一种方法就是三分钟的演讲训练。利用短暂的时间将一切要说的都完整地表达出来，所以说话的速度、间断的时间、话题的组合等等，都要研究。

如果遇到重要的会议或困难的交涉时，这种做法有助于防止脸红心跳的现象。

人会脸红是基于一种对人群的恐惧本能、防御本能，想要缓和这种现象，必须：①积累经验；②事先做好准备，就能有条不紊地叙述；③不要太过于表现自己的优点——意识到这三点是很重要的。

累积三分钟的演讲练习，在心理

上就能产生与①积累经验之同样效果，而②当然能够达到熟练的技巧。此外要排除③想要表现自己各方优点的急切心理，通常很困难，但是利用短时累积说话训练，很自然就能办到这一点。

熟悉三分钟演讲的人，在会议中就能够巧妙地借着发言、早会的训辞等等，吸引他人的注意。发言时间愈长，则理解、共鸣的效果愈低，基于这项法则，简单的谈话的确能提升理解和共鸣的程度。而且对方也会安心地认为"这个人话说得很简短"，因而产生一种侧耳倾听的心理效果。

冗长的话题，每个重点花三分钟来做说明，全部作三个重点说明。有时斥责、确认或强迫等观念，愈短愈有效。不过有时候三分钟也嫌太长了，如果对方说"知道了"，这时就要将话题打住。

8 说服最重要的对象

——乐队车效果

在赛马场经常看到一些场外的赛马预测者。当顾客聚集时，几个客人会说："第一场比赛你猜中了，这是谢礼。"把钱交给猜马者。而其他客人虽然心里怀疑："是不是埋下的暗桩？"还是会被吸引，认为"不！也许真的猜中了"而掏出钱来购买猜测的马号。

你是这种心理计谋的中计者？还是能够运用这种方法的人呢？

◆容易融入感性还是理性中？

荷兰人文学家艾拉斯姆斯说："高明的说话技巧，就是知道说谎的方法。"

商业上会面临"这个企划绝对想要通过"或"一定要说服那个人"的情况，这时应该要运用平常没有用到的心理计谋。

心理学认为在说服团体时，事先埋下几个暗桩再来说服，进行起来会较顺利。

利用这种方法的就是乐队车效果。游行时搭载乐队的车子（乐队车）接近时，周围会变得很热闹，提高节庆的气氛。

在会议中或是卖场也是同样的情况，让暗桩或是赞同者发言，就能使话题进展得较为顺利。

事先花点功夫和时间，安排好暗桩，例如在会议中，暗桩必须强力推荐你的企划，说明"我支持这个方案"，而另一个暗桩则须随声附和"我也是"，此时不同意的人心中可能会想："难道我的想法错了吗？"

而更能提高这个效果的是运用"分别使用理性、感性的法则"。

在说服他人时，心理学上有两种方法，就是给予很多情报、诉诸理性的方法，以及使结论明确诉诸感性的方法。

以政治家为例，理性派的代表如日本共产党的不破哲三委员长，他的演说中会提到很多数字。例如国防费用占GDP的几成，国际收支、福利财政的变化率，完全失业率，等等，连详细的数字都能说出来，吸引听众的注意。

而感性派的代表则是已故的首相田中角荣。"新潟是贫穷的雪国之县，长期以来承受痛苦。现在你们看看，新干线、高速公路不断地发展，这些全部都是我建设的，是越山会的力量。这一次我希望产业能够活络，我一定要让新潟成为工业中心。难道大家不希望和我一样，让新潟更繁荣吗？"这是以感性的方式作为诉求。

美国心理学家西斯雷斯瓦特让士兵听"美国在越战中所采取的政策是正确的"，具有这种意义的几卷录音带，调查说服效果，结果发现理性型的人给予理性的话题，感性型的人则给予以结论为先导的感性话题，更具说服力。

因此，在安排暗桩时，必须考虑：①自己说话的语气是属于理性派还是感性派；②想要说服的对象属于哪一型；③先前整个场合的气氛是感性还是理性的，借此决定要感性派为主，还是以理性派为主。

◆从自己先跳跃的技巧

罗马哲学家塞内卡说："剑术高手是在竞技场中下定决心的。"

如果想要提高气氛，则自己本身的状况要比会议或交涉现场更活跃才行。这里有个有效的"决断法"。

通常我们看到不习惯的东西时会觉得不知如何是好。就像平常穿惯西装的人，突然穿条牛仔裤、套件衬衫出现在你面前，你会感到很不习惯。

在商场上也是如此。平常习惯百万交易的人，突然有人和他谈以亿为单位的生意；或是做惯营业企划的人，必须提出和其他公司的合作计划时，可能会因为紧张而说明不足，或是太过于啰里啰嗦。话说得太多表示判断力、决断力不足。

因此，在从事这样的工作之前，最好先花一大笔钱购买以前就很想要却下不了决心购买的东西。到底要不要买？你会感到犹豫，而这时候的断然购买就成为提升决断力的训练。

如此一来，也能使自己的心理容量扩大。

就像滑雪的飞跃动作，只要第一次飞跃得很棒，接下来就能够轻松地飞跃了。而一次购买昂贵的物品，从"清水舞台"一跃而下之后，要在商场中进行大决断也会变得非常轻松了。

9 一旦改变距离时，同意的基准也会改变
——接近法

某个推销员曾说："即使是身经百战的老手，到陌生的公司去见陌生人也会觉得辛苦。年轻时因为太过于不安，一推开门就开始紧张了。"

你有没有什么方法能够缓和与对方初次见面的紧张呢？

◆从距离五十厘米处开始"我们的话题"

德国大文豪歌德说："世间寻求的不是感情，而是礼仪。"

据说"推销员的工作八成在于建立人际关系"。在商场上会遇到很多陌生人，而且必须尽早建立信赖关系。

下面为各位介绍与初次见面的对方或是不亲密的人尽早建立稳定关系的技巧。

首先，与对方在距离五十厘米处说话。

人类有对对方产生好感的距离。根据心理学的实验发现，和陌生人之间距离：①三米，②一米，③五十厘米，④十五厘米说话时，③比①和②具有更好的印象，但是像④这种太近的距离反而会造成不好的印象。也就是说，只允许恋人等侵入的私人空间，一旦你侵入时，对方就会抱持警戒心。

当然，伸出手来就能接触到对方，自然会产生亲密度。

一般而言，上司在与下属讨论公事时，以一至二米的距离较为适当。五十厘米则能缩短这种办公室间隔，又不至于侵犯到他人的隐私权。

因此，想要尽早建立亲密关系的人，和他初次见面时不要胆怯，可以靠近说话。如果是到陌生的公司拜访，不要大老远看到对方就低头打招呼，应该走到办公桌前再与其打招呼。

这种缩短距离的方式，容易令对方对你产生亲近感，进而消除自己的紧张感。

但是行为举止要特别留意，以免让对方认为你是轻佻的人。

10 不让对方掌握步调的方法
——接触的效用

让某个人用：①和对方说话，但是眼睛不看对方，也不和对方握手；②眼睛看对方，但是不和对方说话或握手；③虽然握手，眼睛却不看对方也不说话的这三种方法会见被实验者，然后询问他们的印象。结果发现①是不感动、形式化的，②则是冷淡、骄傲自大等消极的评价较多，③是温和、感觉敏锐、值得信赖的积极印象，将近半数的人愿意再见他。

你是否意识到接触对方身体的心理效果呢？

◆让对方认为"拒绝他不太好"的心理作战

罗马思想家瓦洛说："旅行时，最耗费功夫的就是跨过门槛时。"

欲提高亲近感，首先要缩短自己和对方的距离，再加上一些身体接触，效果更大。

在美国曾做过这样的调查。首先实施简单的问卷调查，这时：

①轻轻碰触对方的手臂，请他作答；②不接触对方身体的任何部位，请他作答。在问卷调查结束时，不小心将一叠回答用纸掉在地上弄散了，此时统计会帮忙捡纸的人的比例，结果发现①身体被轻微碰触的人较会帮忙。

此外，再举"座谈高手"已故的日本首相三木武夫的例子。

他要在党内扎根，以及希望对方做出决定时，会突然缩短与对方之间的距离，抚摸对方的膝盖，或是轻轻摇晃他。一旦被抚摸时，对方根本无法提出反驳的理论，不知不觉中就会让话题朝对三木武夫有利的方向前进。

这种接触的效果，你也可以活用。若无其事地接触对方的肩或手臂，就能够缩短与对方之间的心理距离。在交涉或说服时，真的是要"促膝"而谈，借着接触对方的脚将他引入自己的步调中。

不过对方也有可能不喜欢这类接触，此时可如开头的例子所示，借着握手使对方敞开心扉。握手时，用双手包住对方的手的方式，或是手松开的瞬间用力再握住，诸如此类的心理表现都可行。

◆掌握心理的三阶段

泰国俗谚："十人之口的保证，也比不上双眼的亲眼目睹。即使用两只眼睛看，也比不上用一只手触摸。"

更进一步便是建立"举杯喝酒"的关系。

美国社会心理学家班兰德比较日本人和美国人的身体接触经验，发现两国人相比，日本人在孩提时代父母孩子间会频频接触，但是长大成人之后，与他人的身体接触较少。班兰德因此认为日本人有讨厌感情接触的倾向，因为身体接触是非常强烈的感情交流法。

可是日本人并不是完全避免身体的接触，他的结论是"借着酒的交流"来弥补这个缺点。像我们喝酒时，可能会搭肩膀或互相拥抱，感觉若无其事。

换言之，借着这种身体的接触能够提高沟通的程度。与对方的亲密度，随着：①距离五十厘米谈话，②轻微接触，③在酒席中身体接触的顺序逐渐提高。

11 不论任何时候都可以让自己平静下来的技巧

——制服化理论

在面临重要的交涉或会议时，有些人会准备新的领带，借以调整自己的心情。这样是否能够成功呢？答案是NO。

理由为何？

◆脱掉"盔甲"之后心情也变得轻松了

法国思想家卢梭说："人会让自己配合在他人眼里的自己。"

到了求职季节时，整个街上都是穿着就职服装的学生。脱掉穿惯的轻松外衣，身着笔挺西装的学生们，见到了有什么感觉呢？可能会有"太别扭了"、"表情僵硬"、"还不成熟"等等负面的看法吧！

这是当然的，事实上他们都很紧张，而且还是不成熟的社会新鲜人。然而心理上真正的负面印象应该是来自于新做的西装的视觉面。穿着不适合的服装，会让人觉得"很滑稽"。

不只是新人，老练的生意人也是如此。在交涉或是会议的场合，如果穿着太正式的服装，毕恭毕敬的样子会给人"太紧张"的印象，那么对方会把你看成一般的年轻人，甚至怀疑"为何如此谨慎"而产生一种警戒感。

只不过是服装，但对于说服或交涉会产生很大的影响。而对方微妙的心理反应也一定会影响到你的心理。所以在小事上着力对关系会造成很大的影响。

因此，当你要去见新客户或参加气氛紧张的重要会议时，穿平常习惯的衣服即可，避免穿着新做的西装。

平常的日子倒是可以穿新做的服装。若是你希望穿惯的服装能够像新做的一般光鲜亮丽，可以选择比较高级的衬衫、领带或袖扣来做烘托。

心理学认为，不是当时的心情决定服装，而是服装决定了心情。

最好的例子就是制服。平常看起来软弱胆小的人，一旦穿上警察制服，突然变得目光锐利，行动敏捷迅速。同样的，空姐、护士的情况也是如此。

换个看法，制服可说是让人最能安心工作的服装。也就是说在说服或交涉等紧张场合，自己想要制造出一个能够安心进行谈话的心理状态，那么穿着惯用的制服（西装）是很重要的。

更进一步，不光是穿惯的衣服，甚至可以选择自己喜欢的服装。

例如打上自己最喜爱的领带，就像穿上制服同样的安心，具有放松效果。此外，钱包、手帕、名片夹等小物件及鞋袜也具有同等的效果。对于女性而言，手提包、小饰物亦具同样效果。

如果要产生最佳的制服效果，必须记住生意谈得最顺利的一次是打哪一条领带，遇上相同状况，就可以打这条领带。

换言之，即选取一些对自己有利的吉祥物。第二次比第一次好，第三次又比第二次好，一次好过一次，累积经验就能提高成功率。

第二章
让关键者喜欢你的心理作战

你应该有因为和上司的关系不好致使机会溜走或工作不顺的经验吧！

人生会受到人际关系的影响。成功是因为有关键者掌握了关键——在任何地方，都可能有提携你或是击溃你的上司、同事、部下、客户等的关键者存在。

不需要讨好所有的人，但要看出对自己重要的人，牢牢地掌握他的心。一条龙比一百只鸽子更能将你带到高处。

关键者有很多，但是受人欢迎的心理法则是共通的，一定要活用这些法则，最后你自己亦能成为关键者，聚集名望。

12 人会喜欢与自己类似的人

——同步法

美国某间大学宿舍进行了一项进宿舍住半年的行动调查。结果发现：①刚住进宿舍时，有和邻居建立好关系的倾向；②经过一段时间之后，会和性格、态度类似的人形成团体。

①的理由是"接近的要因"，②的理由则是"类似性的要因"。人际关系的形成受到这两大要因的影响。

你是否会积极地制造出这些要因呢？

◆只是模仿对方的小动作而已……

法国思想家蒙田说："蜜蜂飞舞于花丛中搜集花蜜，然后制造出自己的蜜。"

某位名人曾说过进入人心的方法是："仔细看对方的说话及态度，而且迅速配合是最有效的方法。"

例如，对方是性格大而化之的人，而且说话非常爽快，那你也可以不拘小节地和对方谈话。若是对方非常注重礼仪，自己也要表现出礼貌的态度。如此一来，不管是谁都可以在短时间内制造出宛如旧识般的气氛。

这的确是心理学上认同的好方法。

欲得到关键者的喜爱，首先要把重点放在开头所说的类似性的要因也就是"相似的同志"、"物以类聚"上。

原本并不亲密的对方，如果感到你是"和自己相似的那型人"，立刻就会撤去心中的围墙而接近你。所以为了让对方这么想，你必须模仿他说话的方式、工作的态度，思考模式和兴趣等也要彻底模仿。

交往一阵子之后，得以掌握对方的思考和行动方式，下意识地加以模仿，而对方认为"是自己这一型人"，便能轻易建立良好的人际关系。

如果对方和自己是不同型的人，实在没有办法和他一体化的话，那么可以从阅读对方喜欢的书开始，这样子就能深入了解对方的想法，而且知道如何反映在工作和说话方式上。

例如，比对方抢先一步说："那位作家的新作您看过了吗？""我是这样想的……"先把对方看过的书或想说的话说出来，他就会觉得你是"非常可爱的家伙"。

◆做出"我与你是同类人"的强烈暗示

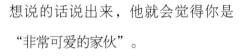

中国俗谚："如果是相识的人，必须尊重他的美德；若是陌生人的话，要注意他的衣服。"

一些关系和睦的伴侣，会发觉他们对服装的品位类似。也就是说由于心理上的同步性（相互一致），而亦寻求外观上的同步性。反过来说，若是做与对方完全不同的装扮，可能对方在心理上就会先排除你。

前者的例子如结婚或丧礼等，光是穿着礼服就能融入现场的气氛中，而展现严肃的态度。后者的例子如团体旅行，大家都是衣着轻便，只有自己穿着制服，感觉很不舒服。易言之，由于服装反映出心理的同步化。

所以如果你要讨好的对象喜欢传统服装，那你就要穿传统服装；如果他喜欢茶色系领带，那你最好打同色系领带。如此一来就能使他对你的好感度提升。当然，也不能像猴子一样照单全收，一味模仿，完全无视于自己的体型和脸孔。

应用在商业上时，则是要去拜访客户时，尽量穿着配合该公司风格的服装，这样会有好的影响。例如到全部职员都穿制服的银行洽商，自己却是穿着洋装，本身就会失去对方的信赖。如果你在工人忙碌的工厂穿着高级皮鞋来回走动，一样无法赢得对方的信赖。

根据心理学的研究，穿着不合宜的服装，会造成自我意识过剩。

13 使对方说真心话的技巧
——访问效果

我有一位朋友每次和上司说话时都会准备便条纸，但是后来发现他只是用笔在纸上画一些不明其意的记号而已。

这到底意味着什么呢？

◆诱导出"对方的话题"

法国道德学家拉·布吕耶尔说："你尊敬别人，别人也会同等对待你。"

报纸或是周刊杂志的记者在遇到人时，有立刻做笔记的习惯，这是搜集资料的铁则。但是事实上在搜集资料时，如果判断"这个题材不能引用"时，就会装出在做笔记的样子。

也就是说让对方认为自己在听他说话，希望能够引出真正的重点。

同样的事情我也在担任咨询师的朋友那儿听过。

去看咨询师的人事实上都有很多问题，一打开话匣子就没完没了，而且话题都有关联性，因此必须做笔记。不过这只是最初而已。随着咨询次数的增加，大都是说和最初同样的话语而已，此时便假装在做笔记。

可是据说看到咨询师用笔记录自己所说的话，就会提高信赖度。

一般而言，人在说话时如果受到注意，就会倾注心力发表言词，而且对于热心聆听自己说话的人格外有亲切感。

社会学家霍曼兹说明，这是因为人愈能产生相互作用就会愈亲近。

如果想要掌握关键者的心，或是想要传达"我认为你是重要的人"之信息，以及想要巧妙引出情报的话，就必须养成做笔记的习惯。哪怕只是做做样子，也能产生良好的效果。

14 凝视对方的效果、避开眼光的效果

——亚吉尔的问题

某位朋友很会说话，被公司提拔到营业部工作，但是成绩却不如期待的那么理想。

到底其中隐藏着什么心理法则呢？

◆ "融洽"与"不融洽"的关键在于时机

《旧约圣经》："贤者的舌头在心中，愚者的心在嘴巴里。"

雄辩不见得就是商业的武器，现今已是一种常识。在物质过剩的现代，能够掌握对方的心是营业员的重点，所以不光是语言，同时要借着身体语言，重视心理的相互作用才行。

英国社会心理学家亚吉尔对于对话提出了以下的问题。

例如，两个人谈话时，互相微笑、交换视线，一方说话时，另一人就以赞同的视线看着他，这便是良好沟通的开始。如果说话者避开眼光，或者说话的人只是注视着对方，无法用语言建立关系，就会显得非常别扭。

在谈话快要结束时，说话者抬眼以较长的时间凝视听话者，而双方的视线交错时，说话者与听话者就能沟通心意。如果这个信息交换不顺畅的话，谈话无法达成效果。

如果想和对方达成良好的沟通，这一点是不可或缺的。

但是如果听话者叼根烟、喝水或是环视周围，开始做除了听话以外的动作，就不能忽略了。

事实上这是对方在传达"我也想要说话"的信息，此时就要立刻让对方开口发言。

若是无视这些动作，继续滔滔不绝，对方可能会开始敲桌子、频频看手表、注意天花板或地板，很明显地做出不满意的动作。

如此一来，别说是交谈了，连人际关系都不佳。

和重要的人士谈话时，必须要特别留意这些小动作，这样对方才会认为"和你关系融洽"。

15 掌握心理的笑容与点头的技术
——身体语言的应用

有一个面试的实验。面试官在最初的十分钟内对每个人用普通的方式点头，接下来的十分钟内频频点头，最后的十分钟不点头，以这样的方式进行面谈。调查这些应征者说话时间的变化，结果发现头点得愈密集，应征者说话时间愈长。

你在听别人说话时是否经常点头呢？

◆人只要开口就能开放心灵

希腊哲学家齐诺说："造物主给予我们两只耳朵、一个舌头。这是要我们多听少说话。"

人在听别人说话时常常会在无意识当中点头，所以很少人在意这个问题，不过心理学认为点头对于谈话具有非常重要的作用。点头就是要求对方"继续说话"的信息。

说话者看到对方点头，认为对方了解自己的话，因此会继续说下去。如果对方没点头，可能是不了解自己的话，会提高不安感，而慢慢减少说话的次数。

开头的实验证明了这点。

受人喜欢的人大都是很好的听众，而当好听众的第一步就从点头开始。

仔细观察周围的人和艺人等具有很高的好感度的人，发现他们很懂得高明的点头法，用力地点头或是看着对方点头、伴随微笑的点头，或是隔一段时间就点头等等，具有多种变化。

像这类的身体语言，虽然是很基本的事项，但只要花点功夫就能得到极大的成果。每个人都喜欢和容易说话的人说话，听对方说话不仅能得到好的情报，同时也能掌握对方的心理。

◆活用笑容

巴斯克俗谚："从来都不笑的脸，诉说着邪恶的心。"

与点头同样重要的"好听众的技术"就是笑。

笑也分很多种，但是要提高亲密度时，最重要的就是和大家一起笑。

共同笑的瞬间，能使以往的关系放松，形成非常祥和的气氛，去除双方的心墙，整个情绪能够稳定下来，于是得以找出自己和对方感情的一致点。这样能够加强沟通，而且也是一头闯进对方心门的绝佳机会。

因此，即使对方讲的笑话不怎么好笑，你也要尽量笑，而在对方回以笑的时候，不仅是笑的量，连笑的品质都可以提升。

在心理上，当你一直想着：好想笑、好想笑的时候，自己就能放松，同时也能使对方放松。

当然，尽可能地笑也有限度。毫无理由的笑不具意义，勉强的笑则会使笑容变质。

美国有部电影叫做《群众中的一张脸》，其中有个场面是总统候选人借着公司的专家之手，借着照镜子练习怎么笑。这种努力十分重要。

16 呼吸的配合法
——共通字典的原理

同样的话语，因人而异，或因公司、部属的不同，意义也不同。美国经营学家H·昆兹将这种混乱的人际关系现象称作"经营丛林"。

相反的，好的人际关系就能让你顺利通过丛林。

你会不会在丛林中迷路呢？和重要对象的谈话间是不是能够建立一个只有某种话语可以"通过"的语言关系呢？

◆如何应付对方的想法

中国俗谚："再好的记忆力，也比不上白纸黑字。"

　　假如你和关键者进行"就是那个"、"？"、"不是这个，是那个"这样的对话，恐怕人际关系不是很好。只有在"这个和那个"、"是的"、"谢谢"的关系建立起来时，他才能成为提拔你的人。

　　如果说利用语言的沟通不顺利，或是引起问题，就是因为双方都太过于执著自己的想法了。但是语言会因人、公司、部下的不同而有不同的意义，此外因时因地不同，内容也有不同。也许你的论点是正确的，但是不能够执著于自己的论点，因为经常会发生"原来是语言使用方式错误"的现象。

　　为了排除这种情况，首先要正确地使用用语。你试着制作一本平常使用的专门用语集。虽是无意识的使用，但你会发现夹杂着很多外国语的略语、自己随便造的语句、具有特殊意义的词。

　　分别给予定义，具体的记述可以几个人一起合作，完成之后再请职场的前辈或专家过目。

　　看起来是很麻烦的作业，但是我想当你还是新进人员时，一定会在笔记本上记录一些业界用语或专门用语吧！就把它当作这种工作的延伸好了。

　　接下来的阶段，就是制造一些与关键者之间能够配合"呼吸"的话语。亦即要经常观察对方在想什么，重视些什么，事先做好准备。借着"这个"而产生的人际关系，会因为有以往的努力，而变得非常牢固。

17 提高自我的方法
——印象原则

　　德国心理学家林格尔曼曾经做过"偷工减料"的实验。一根绳子让一个人、两个人、八个人拉，进行张力测定时，整体的张力随着人数的增加当然会增大，而个人的张力反而是一个人为六十三公斤，两个人为五十三公斤，三个人时减至三十一公斤。

　　你从这儿如何引导出自己的行动规范呢？

◆让人产生具有干劲印象的走路方式

罗马五贤帝之一亚雷尼斯说："你一生所有的行动，都要当作是最后一次而加以完成。"

推销有句格言："不是推销商品，而是推销你自己。"顾客不是因为相信商品的说明书才购买的，而是相信营业员的人格才买商品的。

对于人的评价基准而言也是如此。别人不是因为你的语言或结果来判断一切，而是以行动及整个过程来作判断。业绩固然重要，但是如果你平常的言行举止让人觉得不高兴或不能信任的话，甚至连业绩都会得到很低的评价。

充满干劲的行动使人看起来强大。当你判断周遭众人之时，应该也以个人的小动作来看这个人的人品或能力吧！

如果想要博得对方的信赖或好感，首先必须注意自己的动作。先前已探讨过说话的方式和服装，现在就来谈谈走路的方式。

你的走路方式如何呢？请你试着用比现在快30％的速度走路。

成功者走路方式的共通点就是比普通人走得快，他们的走路方式就像在竞走一样，这种姿态仿佛在告诉周围的人：

"接下来我要做很重要的事情。我一定要成功。"

为了让周遭的人产生这种强烈的印象，同时为了使自己产生自信，从明天开始，你就要笔直地看着前方，采用朝着目的往前直进的走路方式。

最糟糕的就是要配合团体的步调。像前面的例子，人在团体中会变成偷工减料的存在。有心之人绝不会忽略这一点。

18 如果想要显眼就要经常露脸
——萨安斯定理

美国心理学家萨安斯让大学生看编号A～F的照片做

实验。看的次数是：A一次，B二次，C五次，D十次，E二十五次，F零次。然后再次看A~F的照片，询问对这些人物的印象。

看的次数愈多时，回答喜欢的几率愈高，也就是说成正比，所以C比B、B比A、A比F更多。同样的实验用于与实际人物接触时，也是同样的结果。

你是否会在重要的人士面前经常露脸呢？

◆受人欢迎的最高技巧是什么？

英国哲学家J·洛克说："我经常认为人类的行动是思考最佳的表现者。"

开头的实验意味着人与某个人物的接触次数增多时，就会自动提高对这个人的好感，该实验证明了人类具有这种心理倾向。这称作"熟悉性的法则"，或是"接触的效果"。

人在习惯了见过几次面的对象时，会预料到接下来会发生什么事情，知道这个人不会加害自己，渐渐就能信赖这个人。

因此，如果想掌握重要人物的心，就必须经常露脸。愈是重要的对象，愈要找理由经常去见他。

如果对方是同公司的人，不只是和他见面，还要打招呼，不管谈什么话题都可以。"这条领带很适合您"或是"昨天雨下好大"之类的话题不拘，总之要增加接触量。

如果对方是公司外的人，可以利用电话保持密切联络。

营业等业务经常受到对方冷淡的对待，但是绝不能面有难色，应该多到该公司拜访几次。只要"熟悉性的法则"奏效，你便能够得到信赖，相信交涉和商谈就能够顺利进行。因为双方都是人，自己的热情当然能够让对方了解。一定要有斗志。

但是必须注意一点，如果第一印象不好，无法期待这种效果出现，也许对方会愈来愈讨厌你。所以一定要重视第一印象。

19 双方建立亲密关系的计谋
——意外性的利益

一般而言，由于一种防卫自我的心理作祟，因此人都认为失败是种耻辱，尽可能想隐藏。尤其在竞争原理发挥作用的商业社会，会有一种不愿展现自己软弱一面的强烈心理。当然这是必要的，但是要成功，有时拥有与别人不同的构思是非常重要的。

夸大你的错误也许是掌握人心的技术呢！

◆失败才能去除心墙

希腊悲剧诗人索福克勒斯说："与其欺骗而获得成功，不如堂堂正正地失败。"

有"喝倒彩将军"之称的实力政治家三木武吉，在选战中反而利用喝倒彩提高了人气。关于日本败战后重建的问题，他正在滔滔不绝地雄辩时，某位女性叫嚷着："三木武吉，像你这种拥有六名爱妾的男人，能够重建日本吗？"这时他回答道："诚如你说的，我是喜欢玩乐的人，和许多女性有来往。但我认为这是男人的生存意义。况且这些女性年纪都大了，就好像老马一般，如果我放弃她们，她们的生活一定很痛苦，因此我决定继续照顾她们。对了，刚才你说有六位，事实上你弄错了，是有七位。"此时全部听众都拍手喝彩，结果开票出来他当选了。

不管是谁，都有一种想要隐藏失败耻辱的心理，但是反而夸大失败的人让人有一种亲切感。因为发现别人的错误、嘲笑别人，会感觉到自己的优越性。

考虑到这一点，有时故意犯错，或公开说出来，具有提高亲近感的效果。

当然，虽说是犯错，如果严重到会影响生意或伤害他人，那就要避免这种错误。

此外，因为打破自己日常形态的失败而觉得悲伤，从中也会产生出一种亲切感。也就是说让对方会感到"有点惊讶"的错误，反而有效。

例如平常具有威严的课长如果对部下说："昨天晚上我喝醉了，搭计程车回家，结果把资料忘在计程车上了。哎呀！如果被部长知道，那就糟糕了。"这种谈话有助于和部下建立良好的关系。但是若放荡不羁的人说同样的台词，可能别人会轻蔑地认为"又来了"。

在这种前提之下，"不小心犯错"是提高个人好感度的一种方法。

例如，你是数字能力很强的人，记错电话号码："啊！不小心拨错电话到您这儿来。您最近好吗？"被认为记忆力绝佳的人，不小心健忘一下，反而能得到客户的认同。

在生意上看似能力优先，但是要加深人际关系，就要确认亲切、人性化的一面，以及人格等要素的重要性。

20 发现意外一面的交际术
——黄昏效果

将男女各三四人关在一间狭小的屋内一小时，观察行动做实验。结果发现在亮的房间和暗的房间，行动完全不同。

在亮的房间的男女，分开坐着，不会移动座位，也不会互相交谈。但是在暗的房间的男女，最初坐在距离较远处，接着同性之间开始交谈，过了一段时间，谈话减少，但开始移动座位。然后异性甚至会互相接触身体，还彼此拥抱。

你和伙伴如何建立"拥抱"关系呢？

◆ "夜晚有夜晚的法规"

法国俗谚："在灯台下，山羊看起来像女孩。"

人在黑暗的场所有容易和他人亲密的倾向。

处在彼此互相不认识时的黑暗当中，不愿意暴露自己的保护层会放松。因为对方看不到自己的表情，所以希望自己看起来更美好的欲求便会淡薄，而变得比较开放。

这不只限于开头所说的男女关系，同性之间或是年纪差距较大的人之间交往的情形也是一样的。波兰有句俗谚："夜晚有夜晚的法规。"也就是说和白天的人际关系完全不同的人际关系，从傍晚到深夜是存在的。

因此，如果你和重要人士或年长者兴趣不合，那么就应该邀请他参加夜晚的应酬。虽然在灯光明亮的小酒馆也不错，但是有时可以利用灯光昏暗的酒吧。而且步出店门之后不要立刻叫计程车，不妨邀请对方"我们在这附近走走吧！"并肩在夜色中散步。

双方都可以看到对方与白天完全不一样的一张脸，就能加强关系。

◆引出异性好感的方法

拉丁美洲俗谚："你喜欢的女人不喜欢你，你不喜欢的女人却喜欢你。"

如果对方是异性的话，由于人类会将生理兴奋误以为是性兴奋，因此可以利用这个方法。

在美国曾经做过一项实验，让男性在走过危险吊桥之后见到女性。大多数男性都认为这位女性非常有魅力，同时拥有性的关心。这是因为走过吊桥的恐惧心导致喉咙干渴，出现心悸等心理变化，而男性误以为是性兴奋吧！

此外，在从事剧烈运动之后看裸体照，调查性兴奋程度的实验之中，发现运动五分钟之后，觉得自己"性欲高涨"的人最多。所谓五分钟后就是生理上还残留着运动造成的兴奋状态，而心理上则在这个时间带会认为"兴奋不是因为运动，而是看到裸体照造成的"。

在约会时可以使用这种方法。先邀请对方乘坐会引起恐惧心的云霄飞车，或者利用运动产生生理的兴奋之后，再来游说。事实上，虽然是因为恐惧心和运动的缘故使得心跳加快，但是对方容易产生一种错觉，认为你这时候"非常性感"。

即使是生意上往来的异性，巧妙使用这种手法，就能引诱对方产生一种微妙的心理变化，认为"虽然只是工作上的往来，却感受到性兴奋"。虽不会达到恋爱的地步，但是可以建立亲密的人际关系。

21 激起自尊的心理作战
——升降梯力学

心理学家隆松和琳达调查"偶尔听到自己的传闻，对于说自己的人会产生何种印象"。

传闻的内容有以下四种：①"他是温柔、亲切、有魅力的人"，一直得到称赞；②先批评"他是平凡的人，不会说话"，再称赞；③始终批评；④先称赞后批评。

最好的传闻和最不好的传闻各是哪一种呢？

◆比光是称赞更快乐的感觉是什么？

意大利画家、雕刻家、建筑家列奥纳多·达·芬奇曾说："背地里责骂朋友，但在人前要称赞朋友。"

在开头的实验中，给人最不好印象的是④先称赞后批评。先使对方的自尊心膨胀之后，再用针刺破，这是最大的打击。相反的，给人最好印象的则是②先批评后称赞。①的一直称赞还没有②的印象好，也就是说最初的批评整个话题具有客观性，而事后的赞赏则带有真实性，较容易激起骄傲。

原则上传闻尽量少说。因为就算当事人说："我只告诉你一个人。"也许事后还会对其他人说。此外，听的人也会怀疑"这个人在别人面前是否也会说我的坏话呢"？对于人际关系而言都会成为毒酒。

但也不能完全不理会传闻。该说话时就要"少批评多称赞"，能够使得被害程度抑制到最低限度。

人的嘴巴是关不起来的，因此可以下意识地利用这一点。如果想引起关键者A的关心，可以对接近A的第三

者说一些"先批评后称赞"A的话。最后发现你称赞自己
的A，相信不会不高兴，这样你就可以努力地接近他。不
过第三者有可能只强调批评的话语，所以批评的内容要
谨慎斟酌，即使被A知道也不打紧。

此外有人经常会说："这话我只对你一个人说。"
但是你必须考虑话题一定会传开的心理原则，应该改成
"这件事情我先告诉你"才是聪明的做法。

22 好恶的深层心理
——暗示中和法

已故演员三船敏郎年轻时是个演技不佳的新人，但是
导演黑泽明把他的缺点视为一种奔放的优点，提拔他，
创造出许多佳作，脍炙人口。

你是否具有这种能把缺点看成优点的宽阔眼光呢？

◆当"讨厌"变成"喜欢"时

英国剧作家莎士比亚说："干净是肮脏，肮脏是干净。"

不管是谁，无论何处，都会有处不来的人。如果是私人问题，当然没关系，但是如果是商业或生意，就不能够置之不理了。

在此，探讨消除别人的好恶，即使是难以应付的对象，也能够和他好好相处的有效方法。

首先在心中反复默念"不在意××"。

当对方非常骄傲的时候，就在心中反复默念"不在意他的骄傲"，讨厌对方的遣词用字时，则默念"不在意他的遣词用字"。

如此一来，对方所具有的最不好的印象，就会逐渐变淡，渐渐地你就不再在意对方讨厌的地方了。仔细想想，没有人的个性是和自己完全吻合的，一定会有某些地方不合，不可让这些部分成为人际关系的绊脚石。

我们受到来自自己和他人太多的暗示，这种影响会增加感情或好恶的幅度。因此"不喜欢"就是一种负面的暗示，如果不停止这种暗示，就会变得真的非常讨厌对方。

只要"不在意××"的简单暗示，就能中和负面印象，同时具有将负面印象扭转成正面印象的伟大力量。

要提高暗示的成果，在心中反复默念非常重要。

借着反复默念，就能够逐渐推动潜在意识。只要体验过一次暗示的效果，则下一次潜在意识就能更快、更强力地发挥作用。

◆只和对方的优点相处

法国箴言作家拉·洛休夫克说："看任何人都不顺眼的人，比起任何人看了都不顺眼的人，更加不幸。"

"不在意××"的暗示成功之后，你就已经得到"不从一个人的缺点来看待他"这种人际关系心理学的成功法则的一半了。

更进一步，就可以探讨巧妙运用对方缺点的想法。

心理学认为优点和缺点是一体两面。开头的黑泽明导演和三船敏郎的效果就是如此。此外，几位培养新人而深获好评的职棒教练也异口同声说："与其改善缺点，不如培养他发挥缺点的棒球技术。"

将他人的缺点调整为优点的训练，也可以当成是将自己的消极想法变成积极想法的训练。有句话说"对方是自己的镜子"，也许对方的缺点正是自己看法的缺点。检讨自己"讨厌那个人的部分"的内容时，就可以知道具有这种心理的现象。也因此，电影评论家淀川长治的名言"我没有遇见过讨厌的人"，的确意义深远。

23 突破人际关系的惯例
——惯例技巧

多摩大学的野田一夫先生，经常搭乘新干线往返东京与大阪之间，和邻座的乘客说话，发现了和陌生人建立亲切关系的秘诀——在坐下来的十秒钟内决定胜败。视线相遇时以"大阪好像下雨了"的温和语气说话，两人之间就能顺利地交谈下去。但是同样的一句话如果过了十秒钟再说，可能会被对方瞪白眼，也会认为"和奇怪的人坐"而移到其他座位。

在派对中，一样要巧妙地掌握时机，和许多人说话。

◆ "食场"比"职场"更容易掌握人脉。

法国作家都克洛说："要了解人类，只要研究自己就可以了。但是想要了解他人，则必须和许多人交往。"

你一周到情报交换场几次呢？

根据某项调查，大部分的上班族一周只接触五人以下，而且都是职场同事。也就是说会陷入一种"人脉惯例"，无法建立新的人脉。

但是要发现关键者，建立亲密关系，必须尽可能扩展人际网络。

首先，扩大日常生活中的行动半径。

例如，午休时或下班后经常去的餐饮店最好不要固定。当然，到熟悉的店中和熟悉的人轻松地谈话也不错，但是对于成功抱持野心的人，应该积极地踏入新的店，因为在那儿一定有以往所不知道的情报。这样的态度，对于你的人脉有正面影响。

此外，下午茶时间的谈话对象也要富于变化。平常没有来往的人，或是兴趣不同的人，或是其他单位的人，都可以当成聊天对象。不论是谁，都会有自己所不知道的情报，从他们那儿可以得到有效的情报。

我之所以强调饮食场所，正如前文所提及的，因为在心理上，人在吃东西时较容易被说服。

所以说"打招呼一年，吃饭三个月，睡觉一晚上"，意味着如果只是打招呼的关系，想要了解对方的心理需花一年的时间，如果一起用餐只要花三个月的时间，这点绝不可以忘记。

◆ "口袋里"要摆什么

希腊悲剧诗人索福克勒斯说："说很多话和在恰当的时候说话完全不同。"

想要建立人脉，到众人聚集的地方很重要。

在美国，有模范城市和派对、学术性社团结合而成的代表大会，集合了律师、技术人员、医生、营业员、银行职员、工业团体职员等各种行业的人。

美国的生意人和经营者，在此扩展人脉，掌握情报。一边喝着酒，一边公开谈话，能够掌握到很多秘密的情报。

而在日本，也有业界的派对、展示会等情报交换场，最好尽可能抽出时间来参加。

此外，自助餐式的派对也不错，不但可以自由谈话，同时增加认识陌生人的机会。

但是国人不喜欢和陌生人谈话，和熟人又有聊天聊太久的倾向。

因此参加这类派对，规定自己至少要和五个人以上谈话，这样才能增加你的情报量和人脉地图。

当然，我们不习惯自我宣传。就如俗话说"会咬人的狗不会叫"，我们习惯让才能和才干自然发光，但是这是拥有利爪的人的台词，不适合用在一般的凡人身上。

听说美国上班族平均一生会转职三次，因此会绞尽脑汁填写履历表。反观日本人的履历表，只会简单地逐条书写学历和职场经历；但是美国人的履历表，则会花上数页的篇幅详细述说个人的学历、教育训练经历、资格、能力、业绩等等。由于履历表就能推销自己，因此希望借此把自己捧得更高些。

所以，有时候你必须停止"哎呀！我还不成熟"、"我无法办大事"这种传统的谦虚的美德，要尽量地宣传自己。

宣传自己的时候，不光是要提高存在感和注目度，也要明白说出自己的能力。

24 初次见面就能建立亲切关系的心理学
——姓名效果

"我没有什么特别的秘诀。但是我在遇到别人时，绝对不会搬出我的欲望来。也就是说我不会搬出肮脏的心。例如认识这个男子，我不会去考虑可不可以利用他，是不是值得接近的对象。就算他是有身份、地位的人，我也不畏惧；他是身份、地位较低的人，我也不会鄙视他。"这是江户时代的武州岩槻城主青山忠俊所说的话。

他在此诉说了什么秘诀呢？

◆每当叫唤对方的姓名时……

戴尔·卡耐基："在耳中听起来最响亮美好的音乐，就是自己的名字。"

青山忠俊是很会记名字的名人，所以开头的这番话是当别人问他"你怎么能记住这么多人名？"时，他所作的回答。

人类心理有单纯的一面，对于能记住自己名字的人，会直接产生好感。如果你向对方说："上次谢谢您了。"对方却回以"你是谁啊？"这样的对话，多多少少会觉得自尊心受损，甚至产生一种厌恶感。相反的，如果你直呼对方的名字"××先生，好久不见"，对方会很高兴，而且对你抱持好感。

因此，参加派对时，要尽可能记住别人的姓名，这点很重要。等到下次见面时，如果你能叫出对方的姓名，便能与对方建立良好关系。

某间大饭店以高薪聘请了一位门卫，因为他能记住以往住过饭店的几千位财政界名人的长相和名字。

拿破仑为了鼓舞士兵的士气，每天晚上三点都会巡视守夜的哨兵，而且一定会叫出哨兵的姓名。这的确具有很好的效果。

日本已故首相佐藤荣作，因为记得在运输省时代所认识的小车站站长的姓名，使对方非常感动，成为佐藤迷。

如果真的很不容易记住对方的姓名，该怎么办呢？

首先要仔细询问对方的姓名。

我们大都有种坏毛病，就是在别人介绍姓名时不会仔细地听，而且就算听不清楚也不会再问一次。可是如

果你说"请问你的名字怎么写呢？"对方不但不会认为你太失礼，反而因为你这么关心他而产生一种亲近感。

此外，呼唤对方时也要叫他的名字。

欧美人谈话时，经常会说"××先生，你是哪里人？"、"那么再见了，××小姐"，养成了习惯。从介绍时开始，到谈话中、分手之际，都能反复念着对方的姓名，而且记住。

如此一来，即使是讨厌的名字也能够记住，而且一定能够博取对方的好感。

25 能保持良好关系的人，不能保持良好关系的人

—— 自我启示的交换

生意人的工作八成都是在建立人际关系。即使具有极高的能力、许多的资格、才华洋溢，如果被人讨厌的话，也无法干好工作。相反的，如果受人欢迎就能得到机会，即使能力不足，也会有人伸出援手帮你完成工作。受人欢迎本身就是一种能力、资格、才干。

◆众人疏远的人犯了以下的禁忌

美国第二十八任总统威尔逊说："无法交出自己的心，就无法掌握他人的心。"

不论是生意或人生，成功的基本就是受人欢迎。本章的末篇就为各位整理出想要受人欢迎绝不可以犯的禁忌，以供参考。

①不可以揭露他人的弱点或家庭的秘密等

因为私人问题而伤害他人，一定会招致一生的怨恨。即使是与工作有关，也要避免涉及私事。刺中对方的缺点就好像是刺中自己的脖子一样。不管在任何情况下，都不要忘记站在对方的立场，为他人着想。

②不说谎

有的人说"说谎是方便"，因此将自己的谎言正当化；但是当别人对自己说谎时，却会生气。说谎可怕的地方在于一旦说谎，就会被贴上"不值得信赖"的标签。此外，谎言一定会传入知道事实者的耳中。

③不要说会让人感觉不快的话语

只要坦诚以对，就能加强人际关系，这也算是一种自我开示的交换。但是说真心话如果忽略对方的感情，直言不讳，则另当别论。有的人会发牢骚说"我只是讲出事实吗"，但是你一定要知道人是感情的动物。

④不说阿谀奉承的话

称赞和阿谀奉承不可混为一谈。两者的差距不是由你的话语，而是由你的心理来区分。如果说出能使对方产生共鸣和感动的话，就可以得到赞同；如果是想要利用对方而说出巴结的话，那便是阿谀奉承了。

⑤不要过分好管闲事

要传达的事项恰当地说出，和无用的饶舌完全不同。如果有三人以上会面时，要特别注意。不可以打断对方的话题，在他人征求你的意见时，先想清楚再陈述你的想法。要记住"沉默是金"。

⑥不要迟到

迟到也算是一种说谎。要养成"提前到达"的习惯，因为哪怕只是迟到一分钟，也已经造成心理上的负面影响，对人际关系也会造成不利的状况。

◆受人喜爱的人一定会做的五件事情

法国俗谚："世间是由三种技术所构成的：学术、社交术、处世术，第三者已经涵盖前两者。"

以下为各位列举受人欢迎的处世术。

①从共通的话题进入

尤其是谈到工作的话题或初次见面时，要选择任何人都能够轻松交谈的话题。这对于第一印象会造成极大的影响。只要记住以下几项，就不用担心没有话题，而且能够轻松地交谈。

兴趣——"喜不喜欢钓鱼，在寒冷的天气钓鱼很难过吧？"

旅游——"听说你经常旅行，都到哪些地方玩？"

乡下、故乡——"哦！你来自九州？我也是……"

同伴、团体——"我的朋友中有人从事奇怪的工作哟！"

家族——"最近我的妻子迷上烹调传统料理。"

运动——"你的体格真棒，都做些什么运动呢？"

季节、气候——"哇！我在夏天最难受了……"

②提供情报

找寻对方想要的情报，适时提供，对方一定会对你另眼相看。他会借着情报的质与量，来判断你的能力与人脉。

③当好听众

人类是想说话的动物，你可以满足对方的这种心理。此外，人在开口说话时，比行动时更为大胆，抓住人家的话柄总比被人家抓住话柄好。

④受邀到别人家中用餐时，不可以失礼

第二天一定要寄明信片或打电话，表达自己的谢意。这不只给本人，也给他的妻子留下好印象，是建立亲密人际关系的秘诀。

⑤会见他人之前一定要照镜子

每个人都没有办法客观凝视自己的样子。很多顶尖营业员每天早上上班之前，都会对着镜子作一种自我暗示："今天脸部表情很好，一切都会顺利"，进而提升成绩。美国有位著名企业家即使喝得烂醉如泥，也会面对镜子，重新拾回自我，表现出冷静的态度。镜子不仅能够装扮你的外表，同时也具有调整心理的作用。

第三章

一切都要变成积极的构思
——逆转思考心理

想要迈向成功人生，必须时时保持自己的心理有积极的构思。

人生有各种难关：压力、失败、疾病等是外在因素；胆小、怯弱、不会说话等是内在因素。所谓成功者，就是能够将这些难关变成提升自己的踏板的人。

要打好积极构思的基础，必须知道自己的思考构造，然后只要将按下就能够出现好答案的"关键"塞入其中即可。这绝非难事。

等到遇到事情时，觉得"已经不行了"，自己的心理法则就会改变。

26 为什么确信"能成功"就能成功
——强运的公式

某家电视台专门负责新人歌手的制作人曾说："每年在几百位新人当中能够获得成功者，只有一小部分而已，但是他们有一个共通点，就是都很有自信地唱歌。这不是歌唱得好不好的问题。"

你是否也能进入这一小部分的成功者行列当中呢？

◆人容易沉浸在软弱中

美国第二十八任总统威尔逊说："命运中没有偶然。人是在遇到某个命运之前，就已经自己创造出了命运。"

首次登台表演之后从舞台上消失的人，会自卑地认为"自己表现得不好"，怀疑自己"真的能令观众感动吗"？以这样的心态表演，当然会被淘汰。也就是说这种心情影响了歌者的声音、表情及整个气氛，而无法展现吸引他人的魅力。

相反的，成功的歌手也许忘记歌词，甚或走音，但是心中却充满自信，认为自己必定受观众欢迎，"我的歌唱得很棒，大家一定会为我拍手喝彩"。因为具有这种自信，所以深深吸引着观众。

像开头所提的制作人也认为成功歌手的条件正是拥有自信。还有一点就是"得到好歌"，但是好歌仍需由有自信的人唱出来才行。

生意也是如此。

例如在会议或商谈席上，以一种战战兢兢的态度，心想"会被否定吧？"来发言的话，内容会变得不具说服力。自身的表现软弱无力，当别人提出反驳意见时，可能就无力招架了。

相反的，自己心中认定"这个企划商品很棒，一定能够得到赞赏"，很有自信的话，即使遇到一些困难，在对方心中也已留下强烈的印象。

所以"能得到好工作"的人，必须自己创造好的要因。

也就是说，拥有积极的构思，走向积极的人生，首先必须要相信自己。

最大的重点就是，不要使用否定句。

经常听一些失败的人说："为什么不行呢？""还是太勉强了！""这根本不可能嘛！"听多了这些缺乏干劲、否定的话语，会在你心中造成放弃努力、停止思考，将自己的消极态度加以正当化的不良效果。

不要把自己封在壳中。

◆不要认为"可能很好"，而要认为"一定很好"

美国精神疗法专家J·洛曾说："在二十五年前普遍有周期性压力的现象。原本认为可以处理，但是又出现了新的危机。现在则是普遍出现慢性、持续性的压力。"

不使用否定句的人，具有很强的对抗压力的能力。

压力不只会使构思变得消极，同时也会造成肉体的损伤。压力会引起高血压、心脏病、癌症，甚或某种结膜炎。

可是在现代生活中，几乎不可能把压力降低为零。CBS电视台的董事长法兰德里在别人问及"你有没有得过神经衰弱症呢？"时，回答："没有，但我是带菌者。"

那么有没有改善之策呢？当然有，那就是减小压力。

有的人在别人对他大喊"笨蛋"时，会意志消沉好几周，但是有的人却把它当成一种鼓励，反而更能产生干劲。

也就是说，压力量会因本人承受的方式而产生很大的改变。

当遇到讨厌的事情或痛苦的场面时，如果你用"糟糕了"、"无计可施"等消极的字眼来考虑的话，会使压力增大。如果使用"会变成什么样子呢"、"风向应该会转变吧"等乐天派字眼，就能减小压力。请你记住这点。

日本作家田边圣子的小说《等到九点》中，有一个使用"幸福的文法"说话的角色，不管什么时候都不会说"……应该很好，可是……"反而是说"真是太好了"。

如果你生病了，应该要想："还好只是这种症状。只要好好休息，就能很快痊愈。"

27 要想"接下来一定有好事发生"
——乐天原则

为各位介绍某位政治家的经历。"在一八三二年因选举落败而失职。翌年做生意失败。到了一八三四年当选，但是隔年恋人死掉，一八三六年时得了神经衰弱。一八三八年的议长大选失败，一八四三年无法成为参议院候选人。一八四六年当选众议院议员，一八四八年无法再选，翌年无法被任命为土地管理官。一八五四年参加参议院议员选举失败。一八五六年无法被指名为副总统候选人，一八五八年角逐参议院议员之职再度失败。"这个人就是亚伯拉罕·林肯。

持续失败的他到底是怎么做才提高自我、成为美国历史上伟大的总统的呢？

◆胜马的暗示，败马的暗示

法国细菌学家巴斯德说："幸福只给花长时间准备、想要得到幸福的苦心者。"

很多人认为上班族一旦失败之后，想要收复失地是很困难的。难道"失败为成功之母"只是一句格言而已？

但是检验一些成功者的人生，每次失败时都会把这种经验当作一个跳板，反而朝着顺利的方向接近。就像开头的林肯便是如此，而获得两次诺贝尔奖的居里夫人，也是在丈夫死后，经过无数次失败的实验，最后方得以名留青史。

同样是失败，为何会产生这么大的差距呢？心理的要因到底在何处？

其中一点就是"积极还是消极"。不可以因为失败而烦恼，或是把失败常挂在嘴边。不要忘记表现出积极的姿态。

　　活跃在第一线的顶尖营业员或是经营者、资本家、政治家、艺术家等人，都是从无数次的失败中爬起来的。而这些人的特征就是绝对不会把失败挂在嘴边。大家都会异口同声地说"我的运很强"，你一定要留意这点。

　　如果你认为"我已经失败了，我是个没用的人"，那么这次失败是真正的失败。如果你认为"这是成长的好机会，相信下一次一定会有好事到来"，那么失败就会成为"成功之母"。

　　将失败化为成功的第一步，就是在心中随时拥有一个确定的目标。"现在该做什么？""三年后、十年后希望变成什么样的状况？"如果越明确，即使遭遇失败，也会当成挫折而已，或是引导自己走向成功的经验。

　　这种心理的安定就能产生自信。

　　人生是一连串错误的实验，因此拥有自信非常重要。有时失败反而能够节省时间。换句话说，某件事情不顺利时，能够让你尽早去除不实际的目标。

◆挫折是小估计

美国流通产业之王培尼说："即使我失去全部的财产也不会感到烦恼，因为就算担心也没有用。已经尽自己最大的能力，将一切交给上帝来安排吧！"

人生有一连串的偶然，有很多情况是无法光靠人类的智慧决定的。我们的一生有太多不确定，不知道在什么时候、什么情况会遭遇意想不到的灾厄。

但是把一切都交给命运，就未免太笨了。如此一来，遭到连续的失败时，便会显得懦弱。

即使前途一片黑暗，也不见得是完全看不到。

以交通意外为例，我们知道如果加快车速，便会使危险性增加。事先采取预防对策，就可以减少危险。充分做好检查，下雨天或疲劳时不要开得太快。至于对方冲撞过来的意外事故，则必须借着安全带或安全气囊保护自己。

有句话说"尽人事，听天命"，尽人事意指事先预想可能会发生的事，而谋求对策。

也就是说，所谓的幸福，就是运用以往的经验，对于可以预计的事态积极准备的结果。

最重要的就是从谋求充分的对策中产生一种充足感。如此一来，即使自己的努力到了最后终归失败，也能立刻进行"心情转换"，认为这是无可奈何之事，同时也成为带来下一次好运的关键。

的确是存在着幸运或不幸运，但是如果非自己的力量可以办到的事，何必多烦恼，那只会造成心理的消耗。

成功是由努力和运气以及对于结果的想法来决定的。

28 这样的"反省"只会丧失自信
——振鸣效果

有种振鸣现象是说扩大器的声音进入麦克风后，增幅之后，从扩大器传出的音又进入麦克风里……声音在扩大器和麦克风里循环，变化为"铿"这种刺耳的音。

如果你将同样的失败不断增幅，心里就会产生这种振鸣现象。

◆治疗心伤最有效的方法就是遗忘

日本数学家广中平佑说："为什么孩子这么活泼？而人类随着年龄增长，会变得垂头丧气，一旦想什么，立刻就会有对自己想法的怀疑出来挡路？怀疑就是用自己的能量打消自己的能量。天生具有的能量和进行构思的能量，直接加起来计算的话，会像孩童一样变得生气蓬勃；但是加上怀疑这种负面能量，会使得好不容易出现的构思被抵消了。"

真正的反省是将失败的事情全都遗忘，只把教训牢记在心。

但是人往往将失败刻画在心中，等到下一次出现类似的事态时，想起先前的失败，不免心生恐惧："会不会再度失败呢？"

在潜在意识中已经先给自己一种消极的自我暗示，

结果失败再度出现，恐惧再次开始……这就是心理的振鸣现象。如此一来的确会阻碍自信。

所以不要一味地反省失败，要利用将其束之高阁的技巧。

"过去的事情再怎么反省也无法重新开始"，拥有这种想法非常重要。过去的失败全部遗忘是最好的，但是讨厌的事情或重大的事不可能轻易地忘记，就算勉强想要忘记，反而会使失败在意识中留下更强烈的印象。

所以如果无法将所有的失败忘记的话，记住一部分也无妨。

例如，商谈的失败可以只记住"价格不合适"。

事实上可能是因为自己的说明不够，或是文件出错了，或是价格输给竞争对手，虽然有这些过程，但你可以统统忘记，只记住结果不顺利就可以了。不要意识到大的错误，而要变成一种"不要在意"的记忆形态。

如果能够有这种抽象的想法，自己的心情就会变得更轻松。

经常听人说"祸从口出"，多余的一句话可能伤害对方，发言的错误可能使得生意垮台，或与上司之间的关系更加恶化。相信大家都有类似经验。

像这样的错误、失败的经验，当然要忘记，如果一直在意的话，会变得碍手碍脚的。就像路上有一块石头，如果不把它移走的话，可能会因同一块石头而绊倒好几次。

所以在心中就会不断扩大出类似禁言的想法，一直注意到"这是不能说的"，反而无法掌握话题重点。

这类的错误只要写封道歉信就可以了。对方接到你的信就会缓和不快感，对你重新评价，而你也容易整理自己的心情。

29 如果不行就重新开始
——放松法

某位著名评论家的演讲会出现这样的情况：一位听众不断干咳，使得评论家原本滔滔不绝的话语突然变得结结巴巴起来。因为这个咳嗽的人正是评论家的恩师，他不过是咳了一声，评论家却心生忧烦："老师为什么咳嗽呢？是不是我说错了话？"担心得不得了，因此怯场了。

你会不会因为这种心理作用而畏缩呢？

◆不可因为焦躁的心而使自己跌倒

美国诗人隆格菲洛说："有时我们从失败中，比从个人的德行中学到更多。"

即使是惯于演讲的评论家，如开头的例子也会怯场。一般的生意人遇到困难的交涉时，当然更会因为紧张而怯场。

心理学认为容易怯场者大都是认真努力的人，具有强烈的完美主义倾向，不想让别人看到自己失态的意识非常强烈，因此太过于紧张。

一般而言，成功意识能够造成好的成果，但是，这种意识过强的话，反而会成为失败的原因。因此应该将这个意识调弱到适中的程度，让自己在任何情况下都能配合自己的步调开展行动。

也就是说，心中有"想要成功"的心愿，同时也要有"就算不行还可以从头开始"的想法，便能产生余裕，就能使行动顺利发展。

这是心理的"再出发效果"，尤其对于容易紧张的人非常有效。

如果能够轻松地想"就算无法签订合同也可以从头再来"、"若是顺利的话就更棒了"，反而能够提高成功率，甚至也可以减轻压力。所以有时不光是"努力"，反而是"轻松进行"的精神可以引导成功。

但是有些人无法轻易地放轻松，那该如何是好？

在心理学上有"人对于已经学习过的事，即使在他人注视下也能够顺利进行"的事实。所以做平常习惯的事情，在人前亦能拥有自信，不会失败。例如演讲经验丰富的人，在结婚典礼上突然被指名致词，也不会慌张失措，这与能力、才干无关，而是因为习惯了。

◆ "积极的种子"要撒在何处

第一次南极越冬队队长西堀荣三郎说："不可过分谨慎。"

经验较少的人如果对自己说"不可以觉得难为情，一定能做得很好"，反而会提高压力，遭遇意想不到的失败。

但是如果你是不懂得重新出发的人，也不可以逃避在人前说话或交涉，反而要多历练几次，慢慢习惯之后就不会紧张了。如果害怕怯场而逃之夭夭，就无法打破僵局。

此外，还可以活用一种心理法则"自信会变成宽容"。

我认识一位人寿保险公司的职员，他是一个非常积极的人，休假日照样去上班，牺牲家庭生活，为公司尽心尽力。但是不知道为什么，他总是很难出人头地。

虽是优秀职员，但失望心很强，过着灰色的每一天，下班之后常常会借酒浇愁。

但是后来他重新出发，开始努力想考取中小企业诊断师的资格。这成为一大鼓励，在生活上产生了干劲，同时拥有一种宽容的人生观，心想"每个人都有自己的路要走"。

两年之后，他终于成为中小企业诊断师，开始拥有"随时都可以离开公司"的自信，反而比以前更能顺利地工作。

在美国，白天担任大学教授，晚上担任酒保，过着这种生活的人很多。他们不是为了家计辛苦，而是想要拓展自己的人生。

"真的办得到吗？"与其过分谨慎，还不如不畏惧失败地什么都尝试，才能产生一种重新出发的心理。

即使失败也不会失去生命，就算不行，重新再来就是了吗！

30 耐打的条件
——ESP思考

营业额急速上升、推出畅销商品的美国企业，企划发行一本调查销售过程的书《执行者ESP》，也就是秘密调查企业决定负责人的结果，发现他们的意志决定有共通点。他们重视的不是过去或现在的资料，而是超能力的感觉。负责人在决断时，重视的不是逻辑的思考，而是灵感或是灵光乍现。

如果你有负面资料，是否会因此而放弃成功呢？

◆将反对当成获得成功的武器

美国心理学家戈登说："推出新事物时，必须觉悟到会暂时遭遇混乱或无秩序的状态。因为人毕竟想生存在意义确定的语言和井然有序的方法论的世界中。"

三菱总研的矢野升开发MT钢时，最初公司内赞成的人只有0.5％。YKK社长吉田忠雄说："我不会等到全部的人赞成才做。等到全部的人都赞成的方案没有冲击性，况且等到所有人都赞成为时已晚。"

事实上，具有爆发性的畅销商品在企划阶段，可能全部的人都反对销售，因为市场调查和业界动向全都给予否定的意见，看起来不可能有任何业绩。但是负责人通常会孤注一掷，认为"就资料来看的确没什么光明远景，但是我愿意负责试试看"。结果获得成功的例子不少。

一些未知的计划或构想经常都会受到嘲笑，承受压力。

但是仔细想一想，社会就是凭借着"以往不曾发生的事情"及"史无前例的事"才能够前进。

在提出新构想之前，只要告诉自己："虽然反对者众，但是空前成功的几率也会随之提高。"

德国哲学家尼采即说："人类可以约束行动，却无法约束感情。"

人类是感情的动物，经常是受到感情影响而行动，而不是理论或信念。即使自己认为是正确、有希望的事，可是可能遭受别人的批判，感情受到刺激，结果失去干劲，没有自信。

"会不会被嘲笑？""会不会被责难？"一旦这种压抑的情绪在心中不断扩大，即使是非常棒的构想，也无法说出口了。

这种心理会成为阻碍你成功的一大恶因。

所以在开会时，要反复告诉自己"虽然反对者众，但是空前成功的几率也很高"，蓄积心理的能量。养成这种习惯，别人给你的评价就是"很耐打"、"贯彻始终"。

31 绝对不要去数失去的东西
——酸葡萄定理

《伊索寓言》中有一则"狐狸和葡萄"的故事。狐狸想吃葡萄，但是手够不着，因此气愤地说："葡萄一定是酸的。"而后离去。《伊索寓言》利用这个故事告诉我们，人对于自己做不到的事情经常会有一种酸葡萄心理。

你从这个故事中是否得到了什么启发呢？

◆敌人和自己都有自我意识

德国大文豪歌德说："拥有自信，就能得到他人的信赖。"

在现代，利用这种酸葡萄心理使自己正常化的狐狸生活方式，值得给予好评。

也就是说，对于自己做不到的事情，不必在那儿遗憾或反省，要对自己说"这不适合我"、"对我没有好处"，这点很重要。

这绝对不是一种酸葡萄心理，而是能够将自己的心理朝向积极的方向推进，算是一种鼓励的暗示。

例如，向顾客推销商品，对方却买了其他商品。这时你不要感叹："啊！我自己怎么这样没有推销能力呢？不管做什么都做不好。"而要自我解嘲地说："这项商品这么好，是对方不能了解我的心意，真是可惜。"只要拥有这种想法，就能使你今后的行动产生很大的改变。

自己的热情与优秀、诚意，不见得能够百分之百地传达给对方知道，与其因此而不平不满，不如夸耀自己以前做过的事情。这样才会成为一种积极的构思。

若是可以做到这点，对于人生或是生意都会有自信。

最糟糕的就是变得懦弱，虽然以客观的因素来看并不是办不到的，却因为主观的想法而变得不行了。只要做自己该做的事情，不管对方的反应如何，都不可以失去骄傲和自信。

32 将失败变为积极的素材时
——扩散效果

在心理学上有所谓的扩散效果或是稀释效果。一件事物如果只由自己来支撑的话，会因为承受全部的重量而感觉痛苦，若是分散给大家来承担的话，便能减轻痛苦。

你是不是属于喜欢身负重担型呢？

◆不要以"我"而要以"我们"的方式来思考

美国实业家洛巴特哈夫说："无法得到别人帮助的人，没有进步。"

闯红灯是很危险的行为，但是如果有几个人聚在一起闯红灯的话，就会减轻危险意识而产生一种安心感。个人这种意识在大家一起闯红灯时，变化为"我们"的意识，也就是说形成一种"复数意识"、"众人意识"的心理。

因为转化为"大家都做，所以是被允许的事情"这种放松心理，可能导致官商勾结或是买春、卖春等反社会的行为。

但是如果能够有效活用，就能减轻心理负担，改变自己的性格。

例如，心想"我的头脑不好"，感觉情绪低落，可是如果转换为"我们人类本来就不聪明吗"这种想法，觉得自己和其他人在同一个水平上，就能得到很大的自信。

举另外一个例子，内向的女性生孩子之后，个性开朗，完全判若两人，逃离了自卑感。也就是说，以往只对自己产生的过剩意识，现在已经将注意力转移到孩子身上的同时，这位女性的意识随着孩子的出生，而在不知不觉当中从"我"变成"我们"。

对于交涉和说服而言，这也是有效的办法。与其说"我这么想"，还不如说"我们这么认为"，或者说"这是大家的想法"，较容易说服对方。如果能够将"我们"转换为"你和我"的意思，就更能加深人际关系了。

33 多评估自己几次
——正负逆转术

经常被引用来当成积极思考话题的故事，就是鞋厂将职员A和B派到开发中国家去。A打电话回总公司："这里没有人穿鞋，所以卖不出去。"而B的电文上是这么写的："这里没有人穿鞋，鞋子一定可以卖得很好。"

你属于哪一类型呢？

◆不要成为爱批评缺点的人

法国箴言作家拉·洛休夫克说："交往时，人大多是因为缺点受欢迎而非优点。"

当然，开头的A是消极的想法，而B则是积极的想法。在我们日常的生活中，到处都可以看到这样的例子，而大部分的人都没有察觉到自己有消极的想法。

例如，在会议中，有人提出了构想，而意见大多集中在攻击构想不好的地方。结果就是以"这不好"、"这里有问题"等等的疑问和意见结束了会议。

而你自己开始数数上司和同事的优点、缺点。如果是缺点，立刻就会想出五六个，如果是优点，想要列举出三个以上恐怕就很困难了。换言之，你无法彻底展示具体掌握他人优点的积极行动。

也就是说，如果你认为"那个人是消极型的"，如此一来也会让你自己拥有了消极的思考。

对于事物的看法经常具有两面性。因此，不管对象是谁、是什么样的事物，都有"缺点在何处"、"所以办不到"以及"优点在何处"、"该怎么样才能办到"等消极与积极两种想法。

经常拥有后者态度的人，可以说是培养了积极人生的成功习惯。

人只评价他人的优点，忽略缺点，才能够使得人际关系好转。

对于他人提出的构想，也要以积极的态度来看待，如此就能够产生很好的效果。

你能举出自己多少优点呢？积极的态度不只是对于他人或者是计划，有时也可以加以善用，进行自我评价。

34 不论是自己笑还是别人笑，都会使得积极思考发达

——明迪斯公式

以生理学来说明，笑是这样的：颈动脉膨胀，颜面肌肉形成运动的状态，流入头部的血液容量增加，因此血液成碱性。血液一旦成酸性时会变得神经质、焦躁，会容易出现忧郁、不安、恐惧等不健康的情绪；一旦成碱性时，对于身心而言都是非常好的状态。也就是说，光是制造出来的笑也能够充分具有笑的效果。你一天会快活地笑几次呢？

◆头脑的发达与笑的量成正比。

英国政治家克伦威尔说："人类是上天唯一赐予笑的力量的动物。"

构思敏锐、头脑聪颖的人对于笑非常敏感。有的人

会特意制造出笑的情境或状况。亦即，经常保持幽默而且非常洒脱的人很聪明。因为基本上幽默也可以说是产生构想的重要"逆转的构思"。

也就是说，具有很好幽默感的人创造力丰富，对于事物的看法完全不同。作家明迪斯就说过："幽默是从固定化的系统中解放出来的，同时也可以逃离自己制造出来的牢狱。在笑的瞬间，也就是从自我抑制达到解放的瞬间。"所以，借着幽默可以使自己从一成不变的状态中解放出来。

美国作家马克·吐温有一则著名的笑话："没有比戒烟更简单的事情了，其证明就是我到目前为止已经戒烟一百多次了。"这也是一种逆构思的典型。

不少读者对于笑的评价比较低。"有什么好笑的"、"这么无聊的事情不要笑"等等，认为马马虎虎的人才会发笑。

但是在欧美却认为"认真的人太无趣"。换言之，笑在欧美具有重要的人际关系的意义。

德国哲学家休彭哈威尔则说："多笑的人得到幸

福，常哭的人变得不幸。"而在日本也有"笑门福自来"的俗谚。

笑对于创造性或是构思以及人际关系而言，具有非常大的效用。所以，感觉遭遇瓶颈的时候，即使不好笑也要大声地哈哈笑出来。

35 训练自己更大胆的方法
——想象训练

大型商社的中坚职员D氏，升上课长之后突然胃不适而住院。逐渐好转之后又开始恶化，经常住院、出院。原因很简单——在人前不懂得说话，晋升的同时在人前说话的机会增加了。因此在预定进行重要商谈的一周前，胃就会开始疼痛。

D氏的症状利用想象训练治好了。"躺在草地上享受日光浴"、"在众人面前流利地说话"，早晚两次花十五分钟在脑海中做这样的想象。大约一个半月之后，胃的症状消失，三个月后能够在人前侃侃而谈。

◆使你的想象更具体

德国生化学家菲斯塔说："愉快的回忆，与环境的结合，是使头脑不会老化的因素之一。"

身心的关系比我们想象的更密切。

心情好的时候工作顺利，有好的构思出现。饮食和睡眠充足就不会感觉疲劳。

但是当心理状态不良时，一切都会逆转。懒得工作，无法制订好的计划。没有食欲，睡不好。人际关系恶化和工作环境的变化等一旦慢性化时，会遭受很大的损失。因此，必须尽早脱离这种心灵的恶性循环。

有各种的方法随时随地都可以进行的就是使心理快乐的想象训练。关于其效果有以下的例子：

美容师K小姐，一个月当中有二十天必须背着放了很多沉重样品的背包在全国各地奔波。因为过度疲劳、失眠，弄坏了身体。医师说"如果不停止工作无法痊愈"，但是她不可能放弃工作。

K小姐很喜欢温泉，一旦泡在温泉里就觉得心情非常地平静，而且拥有自己开设美容院的梦想。所以有人指导她"你可以想象自己正在温泉里面悠闲地泡着"、"在自己的店前微笑"，要她进行这种想象训练。早晚两次，每次进行十分钟，一个月内失眠完全消失，而且不管在什么地方，三十秒以内就能熟睡。

想象训练不需要特别的场所或是道具。只要选择能够集中精神的安静场所，穿着轻松的服装进行就可以了。

①以轻松的姿势坐在椅子上。正坐在地板上，盘腿坐也可以。

②轻轻闭上眼睛，使头脑空无一物。

③尽可能慢慢地用力吸气。然后慢慢地使肚子凹陷，同时吐气。刚开始时一分钟进行十次，习惯之后变成八次到七次。

④数自己的呼吸"一下、二下、三下……"，将意识集中于此。中途如果不知道数了几下可以重新开始数。数到一百为止，杂念就会消失。

⑤在心中想象自己非常快乐的样子。"独立的自己"、"向部下打招呼的自己"、"在别墅里睡午觉的自己"等等，想象自己心情平静、快乐的情景。持续一两分钟。

⑥深呼吸三次，从头到脚轻轻地抚摸全身。当冥想的紧张放松时，慢慢地张开眼睛。

◆消除心灵疲劳的白云想象法

美国精神法则研究家墨菲说："想好事就会发生好事，想坏事就会发生坏事。这是潜在意识的法则。"

想象训练的应用就是爱荷华西班牙文教室所使用的"白云想象"。以下的想象，可以每隔一阵子慢慢地展开……

①想象自己在暖和的日子里仰躺在草原上，眺望着万里无云的晴空。

②你悠闲放松地躺在那儿，觉得非常幸福。

③你会因为看见美丽的蓝天而觉得很快乐。一个人

轻松地躺在那儿，完全放松。

④在水平线上的另一端看见小小的白云。

⑤你陶醉于明朗晴空中小白云的纯洁之美中。

⑥小白云朝着你慢慢地开始移动。

⑦完全放松，一个人静静地躺在那儿，凝视着朝你慢慢移动过来的小白云。

⑧小白云朝着你慢慢地移动过来。

⑨你享受着明朗的晴空以及小白云之美。

⑩小白云终于飘了过来，停止在你的头上。

⑪完全放松，你享受着美丽的光景。

⑫非常放松，一个人静静地陶醉于晴空中的小白云之美。

⑬现在自己变成了小白云，你融入小白云中。

⑭你完全分散开来，变成蓬松、放松的小白云，自己非常地平静。

⑮现在你完全地放松，你的心完全地平静。

——这个白云想象方法，只要进行三～五分钟，就能使心情平静下来。如果听自己的声音没有办法产生暗示，可以请别人将声音录在录音带中，使用录音带就可以了。

36 愈是不满的人愈能够靠着意外的构思生存

——发现问题法则

有资料显示，"想辞去目前公司的工作"的人占上班族的80%。

但是另外一项调查询问"对目前工作似乎感到不满"的问题，52%的人回答"不是的"。

如果是你的话会如何作答呢？

◆心中的忧虑倾向何处

英国政治家福克兰说："不需要做决定的时候，则必须不做决定。"

位居人下的上班族当然会感觉到不满。"没有办法做配合自己能力的工作"、"上司与部下之间的人际关系不顺畅"、"考虑到公司内的情况以及经营环境觉得将来没有希望"、"虽然非常忙碌，可是觉得升职、加薪不足"，这些可以说是上班族共通的不满。但虽是抱持着同样的不满，展现的行动却有很大的差距。

在我的周围有对照的例子。

A氏二十九岁。以往在公司里曾经和上司发生过好几次冲突，还说非常讨厌这份工作。问他"你要换个工作吗"，他则消极地说："到目前为止……只有在目前的职业上能够展现能力，虽然想辞去工作，但是又做不到，只能借着打高尔夫球和喝酒扫除心中的忧郁。"

B氏三十六岁。和A氏在同样规模的企业中工作，对于公司将来的发展抱持强烈的不安感。问他："你要换个工作吗？"他则回答说："就算换了工作，我想目前的经济环境到哪儿都是一样的。与其如此，还不如取得某种资格，重新计划人生。"

两年以后，B氏取得不动产鉴定师的资格，转到不动产公司工作，而且一年之后独立开业。而直到现在，每次遇到A氏时，他还是会发牢骚，会说被部下轻视或是上司的性格不好等等，持续着两年前的状况。

所以，对于一开头的问题回答"想辞去工作"的人，你必须仔细想想不满的"宣泄管道"。一直抱持着消极的情绪，是无法开辟成功之路的。只有转换为积极的欲望才能够提升人生。

◆虽然感觉不满却说"这样也不错"的心理

英国哲学家米尔说："比起满意的猪而言，不满意的人比较好。比起满意的愚者而言，不满意的苏格拉底比较好。"

爱尔兰小说家乔伊斯最著名的话就是："天才不会犯错。天才的犯错是故意的、是发现的入口。"亦即天才故意做出一些奇怪的事情，才能够开启、发现创造之门。

这的确是必须要深深咀嚼的话语。即使是天才也没有办法轻易地打破僵局。

我们不是天才，我们是凡人，所以不必故意犯错。即使不做这种事情，打破现状的关键应该就在工作和生活的不满当中。

所以，对于一开头的问题回答"不会觉得不满"的人，可见得你有很大的问题。因为你找不到改变现状的关键。反过来说，你不是没有不满，而是只能用消极的手段消除不满而已。

法国作家莫泊桑则说："一直反复同样的行为却一点也不觉得讨厌的人，是幸福的人。我们因为这些事物而满足，表示我们非常愚钝，而且只拥有愚见而已。"

真正的"不满者"是全都不满足的状态，对于现状经常保持不满，而且想要全力消除不满的人。

更进一步地说，就好像是自己创造出不满一样。能够以建设性的方式消除不满时，就能借着这种喜悦与快乐又开始找寻新的不满。反复这么做才能够使人生充实。

"满足者"的心里大多具有以下的想法：人在潜在意识中对于新事物产生一种恐惧感。当这种危机感出现时就会满足于现状，产生一种"不想渡过危桥，保持现状比较好，反正自己没有什么大的才能"的放弃以及没有活力的心态。

这种错觉的满足感、错误的充足感会使得决断力或是构思力迟钝，成为产生消极思考的根源。所谓"需要为发明之母"，所以"这也想做，那也想做"，这种"好的不满"是积极思考的根本。

法国思想家、文学家、历史学家威尔提尔，一语道破这种状况。他说："没有真正的欲望，就无法得到真正的满足。"

37 目标使人生具有"力量"
——建立动机的要因

据说井上富雄很早就建立了人生的时间表。在二十五岁时订立"人生二十五年计划表",揭示工作、学习、兴趣、资产、家庭五大目标。而且,以一年为单位,为了达成年度目标,每个月应该达成多少中间目标等一日一日的行动计划表,都规划出来并加以实行。他在三十八岁时成为日本IBM的董事。但他认为这只不过是过程而已,希望达成最后的目标,成为世界的经营咨询顾问,因此成立公司。

你能够明快地看出自己人生的大目标吗?

◆心中也有顺风

英国经济学家巴杰特说:"工作的真正本质在集中能量。"

井上先生建立"人生二十五年计划表"的心情是这样的："剩下来的宝贵人生，一旦失去就不可能再回来的人生，每一天都不能够掉以轻心地活着。必须要订立长期人生计划，很有耐心地持续进行下去。要体贴自己脆弱的身体，要使身体更健康。人生只有一次，要订立到达目标的计划，按照计划扎实地实行。"

进入日本IBM公司三年内，因为结核而不得不过着疗养生活，这个打击使他开始认真考虑人生之路。比计划的时间更早，在三十四岁时就担任人事部长，四十四岁时成为常务董事，这都是因为有以上的背景。

为了对自己的人生完全无悔，过着积极的生活，一定要好好地进行生涯规划，而且要拿出勇气来实行。

当然，即使订立了大的梦想和目标或者是时间表却不付诸实行，就好像画饼充饥一样，和一开始什么也不做是完全相同的。

这就说明了"为什么而工作"的建立动机之重要性了。

◆你为了新的自己而工作

本田技研创业者本田宗一郎说："不要为了公司而工作。没有人会牺牲自己为公司工作或者是制造东西。即使嘴巴说得漂亮，但是人最疼爱的还是自己。因此，只要为了享受自己的生活而工作就可以了。"

从早到晚拼命地努力工作，人生没有任何的色彩。在公司里得到高的职位才能感受到生存意义的人，有一天突然发现自己好像是空无一物的躯壳，造成了"燃烧症候群"的就是这种上班族。

地位虽然很重要，但是家庭和健康也很重要。如果不能够实现自我，则只是浪费人生而已。失去了平衡，在不知不觉中，就会失去应付时代变化的弹力以及对抗意外的抵抗力。

能够享受工作，人生就会快乐，如果目前的工作当中有使自己生存下去的动力，就能够实现这种快乐。在公司时，拥有"自己为了新的人生而工作"的意识非常重要。

公司是让你既能够得到薪水，又能够得到许多学习机会的场所。如果为什么（动机）、朝向何处（目标）这两点非常清楚的话，可以从公司中吸收到很多的事物。公司方面也会寻求以这样的态度工作的员工。

当然，暂时离开工作享受兴趣也很重要，不过基本上这和生涯规划是无关的。

38 使强烈的目的意识具体化
——布里斯特尔的信念魔术

"你所寻求的，不管是金钱、健康还是就职，什么都可以。寻求东西成为生活中燃烧的信念，一直持续下去，不可思议的事情就会陆续发生，一定能够让你心想事成。例如，如果你想要杂货店生意兴隆的话，那么老板在顾客进入店中时，就要反复地默念'这个客人一定会买东西'。而这时老板的心意就会和客人互通，涌现很好的话语和方法来进行说明或者是陈列，顾客就会去购买商品。这样就能够使得营业额增加好几倍。这就是信念的魔术。"这也是《信念的魔术》一书中的一节内容。

你真的相信自己的信念能够实现吗?

◆真正地鞭策自己

Zero – Six公司创办者威尔逊说:"树立极高的目标,拥有几乎不可能达成的大愿望,这样就能够为自己建立一定要达成愿望的信念。这比在人生中平衡的生活方式更重要。"

要使人生得到成功需要努力、信念和运气,但是努力或运气大多是得到信念的支撑。所以信念对于成功而言是不可或缺的要素。所有成功的人都有强烈的信念。

开头的一文是美国克拉德·布里斯特尔对于信念的叙述内容,发售的同时深获全美的好评。

布里斯特尔曾说:"如果你想要使用信念的魔术,只要准备三四张卡就可以了。"而且他还教导众人"坐在安静的房间里面,询问自己想要什么东西,如果有清楚的答案，用简单的句子写在卡上"。

"营业额提升50％"、"通过英文检定考试"等等，有各种不同的目标，把它贴在桌前等可以看到的地方，而在其他的卡上也写同样的文字，随身携带着。一天二十四小时，不论是清醒还是睡觉，在心中描绘出这种欲望，相信"一定能办到"。

刚开始时也许没有效果出现，但是慢慢持续下去，也许在出乎意料之处就会遇到顾客，就能够明显地提升学习效率。

此外，布里斯特尔还建议这样的方法：

"在自己的床边准备好纸、笔，有好的想法时立刻写下来。按照这个想法付诸实行，你的心中一定有想要的东西。而且，如果相信自己能够得到的话，则愿望就能够更早达成。"

也许有很多人对于这种方法感觉到半信半疑。

但是，有几百位美国经营者相信这种方法，而且付诸行动，获得成功。你不要认为这是"愚蠢的做法"，因为它的确具有值得一试的价值。

只是偶尔会想到的一些茫然思想，不能算是一种信念。

所谓信念是经常出入头脑中，化为现实行动的思想。虽不会经常考虑到它，但是潜在意识却会记住这种信念，而且经常展现在言语、行为中。

心理学经常说潜在意识的力量非常大，而要将理性思考的信念深植于潜在意识中的方法，使用布里斯特尔的信念魔术非常有效。

第四章

提升工作实力的自我暗示威力

相同的劳动量，有的人非常辛苦却无法成功，而有的人却轻轻松松就能够成功。你会不会误以为是"才能的不同"而放弃呢？

事实上，工作所需要的记忆力、集中力、构思力等等诸能力并没有很大的差距。正如俗话所说的"并不是因为坚强而获胜，而是因为获胜变得坚强"。所有胜败的关键就在于心理要因。

成功的人在心中已经成功了，而只是实现了成功而已。

所以，要借着自我暗示创造出这种心理。

例如，就算努力想要"记住"，但是人类的能力有限。与其如此，还不如暗示自己"不能忘记"。

做法很简单，效果超群。为各位介绍借着暗示而培养真正实力的方法。

39 "意志力"潜在意识决定能力

——自我暗示的定理

"人类需要知识、智慧、体验和热情，而更重要的则是心态，也就是心理的态度。心有何种想法？考虑些什么？比个人的才能、努力更重要。"这是精神法则研究家J·墨菲的著名公式。所谓成功，最优先的因素就是相信自己能够成功。

不给自己自我暗示，只是浪费时间的努力而已。

◆具体、明快地描绘出想要得到的力量

法国心理学家、自我暗示法创始者艾米尔·克耶说："每天每天，我在各方面都变得更好。"

不论是谁，都有拿手、不拿手之处。进行拿手范围的工作就能产生干劲，即使长时间持续下去也不觉得累；但是不拿手的事情，一想到不得不做，就会觉得非

常痛苦。不过，以进行大型顾客的开拓为例，如果在个
人顾客的获得以及售后服务等方面完全不进行的话，则
很难加入成功者的行列。不要忘记日本的企业风气，是
能够保持平衡的人才能够得到好的地位。

造成拿手、不拿手的最大原因，就是一点点的失败
或是先入为主的观念等，而使自己有一种顽固的想法，
认为"不会"。消极的暗示碍手碍脚，而阻碍了"想要
去做"的意志。也就是说，不拿手的范围是自己在心中
建立出来的。

要克服这一点，必须根本上改变"勉勉强强去做"
的心理习惯。所以，应用开头克耶的自我暗示是最有效
的方法。

在开始做讨厌的工作或是不拿手的事情之前，反
复进行自我暗示的话语就是"自己渐渐地能够做得很
好"。

方法这么简单，也许很多人会半信半疑。但是，暗
示愈单纯愈能够进入无意识中。

一旦给予暗示时，实际进行作业的心情会按照暗示

的指示，能够集中精神，提升效率。一旦实际感受到这
一点之后，就能使暗示的效果迅速提高。如此一来，不
拿手意识就能完全一扫而空。

暗示的话语愈具体愈好。例如
"英文变得更强"的说法还比不上
"更能记住英文单字"有效。

我的朋友利用这个方法，在短期
内就提升了英语能力，半年内在伦敦
留学时没有语言方面的问题。

◆不用太过于逼迫自己

**莎士比亚说："要攀登险峻的山，
首先要慢慢地一步一步走。"**

暗示的另外一个秘诀就是不要太
急于逼迫自己。

任何的暗示效果即使再大，也不
可能一举让能力全面提升。

但哪怕只是一点点的提升，所造成的心理作用也非常强大。因此，能够从零到一、从一到二、从二到四扎实地展示实力，而且长久持续下去。

例如，想要在公司内居于领先的地位，不要想到"要成为第一名"，而是要拥有"进入上位"的构思。

与其直接朝向大目标前进，还不如将与大目标有关的小目标尽力达成，才能够产生自信，提高能力。

德国考古学家休里曼为了实现"证实特洛伊战争的历史性"这个少年时代的梦想，首先开始学习解读古文书的语言。其次，为了筹措发掘遗迹的资金而投身于商业成为富豪。最后终于达成了一生的大目标，名留青史。

所以，不要让自己背负过大的目标，否则会产生焦躁感，反而失去自信。

慢慢地、踏实地进行，才是成功的基本法则。

40 "构思力"确立灵感的系统
——建立宣泄管道的法则

牛顿在散步时，看到苹果从树上掉下来而发现了万有引力法则；达尔文在奔驰的马车中想起自然淘汰的原则；汤川秀树博士在床上想到中子理论；阿基米德在洗澡的时候看到从浴缸里溢出的水而悟出了浮力原理。

你从这些历史上的构思中学到了什么呢？

◆一次的成功成为决定的暗示

中国俗谚："思考就好像挖井一样。水最初是混浊的，但后来却会变得清澈。"

灵感具有共通的法则。也就是：①突然发生；②发生的构造不明确；③因为某种关键而发生。也就是说，在你拼命想要想出构思时几乎不会出现灵感，但是在你放松时就会出现。

　　例如：①发呆的时候；②坐车的时候；③和别人说话的时候；④散步时；⑤听音乐时；⑥阅读书本杂志时；⑦喝茶时；⑧运动或者是游戏结束时；⑨洗澡时；⑩散步庭园时；⑪睡午觉醒来时；⑫钓鱼时……就是这种情况。

　　先前心理学所说的"建立宣泄管道"，非常重要。

　　水流到大地上，会削开土形成细长的水路。一旦形成水路之后，水集中于此往前流。水路不断地往下切削形成河川，最后变成大河。

　　人类的心理也是同样的，一旦使用进行顺利的方法过后，第二次使用就容易成功。第三次、第四次反复使用时，就能够使得思考流畅，形成这个人独特的技巧。

　　这就是所谓的"建立宣泄管道"。而你也许在①～⑫的场面中曾经得到过好的构思，那么下一次让自己置身于同样的状况中，相信出现灵感的几率就会提高。

　　反复这种行为，则最初偶然形成的状况就会成为你独特的"构思的环境"。

41 "构思力"脑等待观点的改变
——大脑灵活法

据说"如果希特勒的身高再高一点的话，德意志第三帝国就不会有如此偏执的性格"。你是否有曾经只穿木屐，就发现整个世界都不一样的经验呢？换个观点就能够刺激构思。

你要怎么样改变"视线的高度"呢？

◆使头脑清晰的"观股法"

俄罗斯作曲家柴可夫斯基说："直觉不会去拜访懒惰者的客人。只有别人邀请他时才会出现。"

构思法的共通点就是"改变观点"。

①换个形状会变成什么样子呢？

棒球的球以及娃娃、动物造型的橡皮擦，在发售当时令人惊讶。

②加起来会变成什么样子呢?

拉链加入滑轮就成为能够朝两边打开的拉链，这就是成功的例子。

③缩小会变成什么样子呢?

收音机去除音响后就诞生了耳机，以往的电子计算机变薄之后就产生了卡片型电子计算机。

④翻过来会变成什么样子呢?

将热源在下的常识逆转，把加热器安装在上面形成现在的电暖炉。

——这些例子说明了"改变观点"，也改变了掌握对象的方法。

此外，还有物理的改变观点方法。

通常我们站立时，是在1.6米的高度看东西，但是，如果将身体弯下来从两股之间看事物的话，视线必须移到五十厘米高的地方，则天地逆转。从那儿看到的风景完全不同，能产生以往从来没有想到过的灵感。

也就是说，利用与平常不同的姿势，可以直接刺激头脑。脑中有网状体，能够使脑放松或者清晰，观股法能够使得肌肉暂时紧张，给予网状体适度的刺激。

据说利用观股的姿势来看日本三景之一的天桥立会变得更美丽。可能这也和给予头脑刺激有关吧！

◆让他人的智慧成为你的书架

经济学家小泉信三说："人生中与其读万卷书，还不如遇到优秀的人物，才是真正的学习。"

改变观点的有效手段之一，就是见到不同职业、范围、国家的人和事。

职业或环境能够产生只有那个世界才有的独特构思。但是对于在那儿的人而言，这些构思并不是特别珍贵的。

因此，如果和不同职业或环境的人交换构思，就能够强烈地刺激创造力，同时也可以知道自己的世界需要什么、缺乏什么。

什么也不做，只是一直在那儿等待，则无法得到好的灵感或构想。

将棋名人木村永世曾写道："将棋的感觉并不是无中生有，而是经由长年的各种钻研、学习、经验，累积了各种要素组合而产生的瞬间结论。"

与他人相遇也是如此。稳定的想法、心意互通，不见得能够产生好的直觉或灵感。见到很多人，和他们谈话，听他们的经验，累积这些知识，就能够产生敏锐的构思。阅读的不光是读惯的范围，也可以广泛地去阅读不同的书籍。

哲学家苏格拉底会逼问只以常识来思考的弟子们："那是真的吗？那是真的吗？"他还说："你们要知道，自己根本什么也不知道。"能够遇到很多的人和书，才能够在日常生活中准备好苏格拉底的构思。

采用消极、被动的方式去接触他人，根本是不好的。有的人说"必须要去见别人"，而有的人则认为"能够见到别人真是太棒了"，两人心中的感受完全不同，必须要了解到去见别人，事实上是丰富自己的内在。

英国哲学家洛克曾提出尖锐的批评："世间并没有

很多一般人所认为的不同意见。大部分的人完全没有意见，只满足于他人的意见或者是普通的传闻。"

42 "企划力"构想要转向不关心的范围
——创造性的原理

橄榄球诞生地的碑铭记载"他无视规则，抓住球往前冲"。看似没什么意思的话语却深深地刻在石碑上。

这是为什么呢？

◆打破两种心理倾向

阿拉伯俗谚说："习惯是一种第六感，支配其他所有的感觉。"

有句话说"新闻的相反就是一成不变"，其实在任何一个范围都是如此，一成不变会成为发展与成功的阻碍要因。

所谓一成不变，就是所有的方法或形式等都不改善，造成效率不高、无端浪费，没有办法达成新的进度或者是提升，而且已经习惯化的状态。

心理学是这么说的：遇到问题时，我们会将过去的经验与知识总动员来尝试解决问题。但是，一旦问题解决之后，就打算节省思考，对于同样的问题就想要以同样的解决法来收拾善后。但如此一来却会造成创造力和企划力的萎缩状态，这就是一成不变。

要言之，心理学认为一成不变的两个要因如下：

①精神能量的节约

依循既成的模式比开拓新方法更容易。

②依赖既存的习惯

借着依赖既存的一切习惯就能得到精神的稳定。

要打破一成不变，就要下意识地舍弃这两种心理倾向。世界上最早经营百货店的美国实业家瓦纳麦卡就指出："要有舍弃旧有的方法是最好的方法这种想法。尝试改善销售，就好像蝉脱壳成长一样。人也是相同的。"

◆一成不变的墙壁上有一扇门

法国思想家蒙田说："习惯是非常阴险的女教师。会慢慢地在我们内部深植她的权力。"

例如，这儿有二十个孩子。每六个人排成一列，要排成五列。这时的构思受到一成不变的影响有多大呢？关于这个问题，一般局限于常识和习惯的头脑会想到6人×5列＝30人，需要30个孩子。

那么，你会作何种排列考虑呢？如果排列如图所示的星形又如何呢？

诗人西肋顺三郎对于创造性有以下的叙述："切断近处之物，与远处之物结合，这样才能产生真正的创造性。"正如这句话所说的，自己本身要切断身边的惰性或依赖，思考看似与自己无关的人、构思或者是模式的

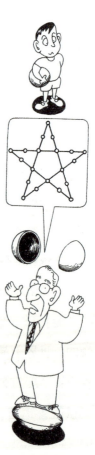

应用打破一成不变。这种说法有时会令人哑然失笑。就好像在橄榄球比赛中，头一次抱着球拼命往前跑的少年一样。但这才是真正的创造。

43 "记忆力"与其记住还不如形成一个不会遗忘的状态

——约斯特法则

德国心理学家艾宾格哈斯说明人类记忆有①容易遗忘的部分和②不容易遗忘的部分这两部分。①占整个记忆的三分之二，如果不复习的话，九小时以内就会等于零。而剩下三分之一的②，大约在一天或数天比较长的时间后也会逐渐变成零，这是经由实验确认的事实。

在此有增强记忆力的启示。

◆记忆的诀窍是九小时内背五次

法国箴言作家拉·洛休夫克说："很多人感叹自己记忆力不好，但是却不知道为什么自己记忆力不好。"

数字、人名、单字等，做生意和学习必须整个记住的情报非常庞大。记忆力的增强是提升能力的基本。在此为各位介绍有效记忆的方法。

相信"只要反复默背五次就不会忘记"，然后进行默背。

这是约斯特法则。

记忆的不二法门就是反复默背。但是，反复默背会过度消耗时间和能量，没有办法继续往前进。约斯特法则所说的"五次"，是最适合让记忆有效固定下来的数字。

所以最好的方法就是和开头的艾宾格哈斯法则互相搭配组合来运用。在还剩下三分之二记忆的九小时以内反复默背五次。

例如，早自修时背的英文单字，在通勤的车上或者

开始上课之前、午休、下午茶时间、傍晚五点这五次，简单地复习一下。不需要花太多的时间，只要看过去就可以了，这样就可以记得很清楚。

最初的记忆如果超过了九小时以后，就算仔细地复习，恐怕也只能唤起记忆的三分之一部分，效率非常差。

如果学会这个方法，工作和学习就不会停滞，而且记住的事物大部分都能够输入到头脑中。

默背的时候，可以并用次项所说明的呼吸法，则记忆的状态也会非常完善。

44 "集中力"磨炼精神的六大训练
——止息呼吸法

呼吸与身心的状态有密切的关系。呼吸通常是由自律神经自动进行的，但是却可以由意识支配到某种程度。因此，一旦控制呼吸时就能调整自律神经的兴奋，连带使得内脏功能调和、情绪稳定。瑜伽能够有效地将宇宙空间的生命能量（普拉纳），也就是气吸收到体内，使得身心都能拥有充实的能量。不过，我们达不到这个地步也无妨。

◆涌现稳定的情绪

法国箴言作家拉·洛休夫克说："用过度夸张的方法想要保持健康，事实上是非常麻烦的疾病。"

熟习好的呼吸法，对于神经中枢会造成好的影响，渐渐地就能够达到情绪的稳定以及全身自律神经的调和。瑜伽有各种呼吸法，每一种都是非常简单的养生法。

①止息呼吸法

吸气但不吐气的呼吸法，也称为保息呼吸法。能够提高氧的吸收率，有效地集中精神。在需要较多记忆时值得一试。

②胸式呼吸法

呼吸时听到喉咙发出轻微声音的方法。比止息呼吸法更能促使氧气吸收顺畅。使神经功能顺畅、头脑敏捷。

③快吐慢吸呼吸法

急促、快速地呼气，然后缓慢地吸气之呼吸法。能治疗鼻塞，使头脑清晰。

④普通呼吸法

反复一定次数的短促呼吸之后，深吸气然后进行止息呼吸法。与超能力的开发有密切的关系。

⑤嘶音吸气呼吸法

吸气时从舌尖和齿间发出"嘶"的声音吸入空气。能够净化血液、增进活力，同时消除睡意，具有冷却身体的效果。

⑥卷舌呼吸法

舌头卷成管子一样，从管子吸气的呼吸法，具有冷却身体的作用。在缺乏空气、水时可以产生耐力。

——这些就是基本的止息呼吸法，能够得到深沉的集中力和放松。必须记住较多的事物时，吸入的气息不要立刻吐出来，忍耐十秒钟以上，精神会变得更集中。这是最适合记忆的精神状态。

◆心与耳的重要关系

神圣罗马帝国皇帝卡尔五世说："要成为世界的主宰，先成为自己的主宰。"

呼吸法具有集中精神的效果，因此在记忆时或者是会议及交涉之前、学习的空当，都可以进行。最适合的就是组合"完全呼吸法"和"制感法"。先说明完全呼吸法。

①正坐或采用坐禅的形式使脚交叠。在公司里，背脊挺直坐在硬的椅子上也可以。

②充分吐出气息。全部吐尽之后止息一到二秒，然后放松腹部的力量。这时自然流入鼻子的空气使横膈膜放松、腹部膨胀。但是不可以用力使腹部膨胀。

③扩胸，将气息吸入胸的上部为止。

④然后稍微吐出一些气息，再止息一到二秒，再慢

慢吐出气息。吐气时好像腹部陷凹似的全身挤出气息。

——这个完全呼吸法能使血液循环畅通、血压下降、精神稳定，之后再尝试制感法。也就是一种将容易朝向于外界刺激的感觉和知觉朝向心灵深处，变成不容易受到来自外界刺激的心理训练。

①用双手捂住眼、耳，阻隔感觉。

②集中精神在耳中能听到的声音上。

——即使忙碌，只要花一分钟的时间来进行，就能得到极大的精神集中效果。

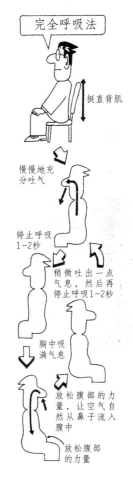

完全呼吸法

挺直背肌

慢慢地充分吐气

停止呼吸1-2秒

稍微吐出一点气息，然后再停止呼吸1-2秒

胸中吸满气息

放松腹部的力量，让空气自然从鼻子流入腹中

放松腹部的力量

45 "语言能力"语言可以借着零碎时间的组合而学会

——碎片效果

很多人学习外文，但有很多人却说"没有时间"而放弃了。但是，真的必须每天花几小时才能学会语言吗？调查一些受人欢迎的教材，共通点就是每一句话大约才三秒到十秒钟，非常简短。这到底意味着什么呢？

◆不用浪费心思规定时间

德国大文豪歌德说："巧妙地使用，随时都有足够的时间。"

心理学上认为短时间的反复学习对于学习外文最有效。

　　假设在日常会话当中，最低限度需要的单字有一千五百个，表现字有四百个。一年内要默背这些字句，量看似非常庞大。但如果以一天来换算的话，每天只要背四个单字、一个句子就可以了。这是最低量，所以在状况好的日子或者是有时间的日子多背几个，那么不到一年就可以达到目标。

　　如此一来，心理也会觉得很轻松，借着先前谈及的约斯特法则，就能够轻松地强化记忆。

　　但是，同样的量如果集中在周末背的话，则单字要背三十个，句子要背七个，这会造成极大的负担，而且还要花很多的时间复习，容易忘记。

　　加以细分化，在短时间内反复学习的优点还有很多。能够有效地利用空当时间。

　　一天要空出整整三十分钟的时间，对于忙碌的上班族而言非常困难。但是，如果五分、十分钟的时间，应该是可以空出来的。乘车或者是等人的时候，或者是喝咖啡的时候。早上换衣服时看着挂在墙壁上的教材，或者是走路时利用耳机听学录音带，这样的人很多。

只要集中精神去做，想要制造出三十分钟或一个小时的学习时间并不难。

意志力有限。所以应该将意志力集中在"持续学习"这一点上，而不是浪费在挤出时间来。能够成功学会语言的人，就是活用这种心理法则的人。

46 "工作能力"愈是大事愈要细分为小事
——阶段法

因火箭而著名的系川英夫博士，必须要在宴会中用大提琴演奏肖邦的名曲"波罗奈兹舞曲"，利用分割法来演奏。首先数波罗奈兹的小节，把握住一百二十这个数字。距离演奏会还有六十七天，去除最后总练习的一周剩下六十天，因此他计算一天要练习二小节。这样五六秒就能够演奏出来。如果花两小时的话就能够练习一百次。而且，为了演奏这个困难的曲子，系川还并用另外一项功夫。

你知道是什么功夫吗？

◆从简单到困难的效果

罗马俗谚："困难要分割。"

肖邦的曲子，开头的部分最难。如果从这儿开始练习会遭遇挫折。系川先生心想"总是要踏出第一步"，所以先找最轻松的地方，结果发现最后一小节只有一个音符，这样当然就能够演奏出来。头一次的练习，只是"当"地弹了一个单纯的音就停止了。但毕竟是一个开始，这样就能够继续往上爬。

接着，再从剩下的部分挑选比较简单的小节来练习，逐渐拥有自信，最后一百二十小节全部都能演奏了。

工作也有期限。

"虽然做得不是很好，但是能够按照期限做完工作，与虽然很优秀，可是拖延期限才能完成工作，何者比较好呢？"对于这个自我启发的练习问题，答案当然是前者。也就是说，严格遵守时间，则优先顺位会提高。

为遵守截稿的日期，而且提高工作的品质，我建议各位使用"三分法"。将工作分为暂时结束、中间阶段、真正结束三个阶段。

如果是单纯的工作，整体可以采用三分法。全力以赴其中的一部分，达到暂时结束的期限。如果量比较少的话，当然就能轻松完成。其次，拥有"已经完成了三分之一"的自信，接着再向中间期限迈进。等到中间期限完成之后，就能产生"只剩下三分之一了"的安心感。

将工作单纯划分，要准备三种等分的方法。就好像是网眼较粗、网眼为中型、网眼较细的三种过筛器一样。首先利用网眼较粗的过筛器解决基本的问题，然后利用网眼为中型的过筛器解决比较细的课题，真正仔细的问题，则必须用网眼最细的过筛器来解决。

这样就不会拖延期限，也能完全解决课题。

总之，庞大、复杂的工作都有支持安心感、有效消化的心理方法来解决。

如果拥有一次就要全部做完的心情，就会变得焦躁。可以用前项先谈及的学习语言方法，将困难分割之后，就可以轻松地处理了。

47 "情报能力"使用右脑从重点开始阅读书籍
——速读术

某位经营者买书之后会分为三部分。即应该熟读的部分，只要看过一次当成资料保存的部分，以及只撕下有用的页数而其他全部都丢掉的部分。如此一来，即使忙碌，一个月也能看三十本书。

你拥有何种读书术呢？

◆只花几秒的时间就看穿是好书还是无用的书

德国哲学家休彭哈威尔说："如果能同时买到阅读时间，那么买书是好事。"

日本是光单行本一天就会发行一百种以上的出版大国。因此，要有效阅读就必须确立选书的方法。

如果光看书的标题没有办法选择，那么可以在店里头翻阅，这时有两种秘诀。

①看前言和目次

要知道书中有没有自己想了解的事情以及"不知道，一定要看到"的内容，以及是否如标题所叙的内容、是否有资料的价值、是否应该全部看完，要借着看内容的一部分来检查。

②看最想看章节的开头内容

作者是否能深具要领地整理素材、内容是致密还是粗杂、情报多还是少，都要一一检查。我所感兴趣的内容，如果写法是即使阅读后也没有办法进入头脑中，那么这种书我是不会买的。

这样就能够去除只会浪费时间和能量的无用书籍。当然，可能会忽略了一些"有价值的书籍"，但是朋友可能会建议你去阅读这些书或者是在书店中再次遇到，到时候还是会回到你的身边。

◆有用的话，只要看一行就够了

罗马博物学家普里尼斯说："没有比无法引出任何好处的书更恶劣的书了。"

读书的方法有很多，基本上应该要了解"没有办法完全了解作者的想法，而且没有这种必要"。亦即读书的秘诀在于"尽可能迅速找出有帮助的情报"。能够一生反复阅读的书籍，就是利用这种读书法的筛选选出来的。

因此，必须要有很好的读书术。

①再看一次前言和目次，掌握书本真正的主题以及想要阅读的章节。

②大致翻阅一下想阅读的章节，掌握整体的内容。

③熟读自己认为需要的知识、信息的章节。

秘诀的①、②，就是利用大致阅读的方式来阅读，是一字一句阅读的方式，没有办法把握整体的效率。只要由负责直觉力和图形认识力的右脑发挥作用就可以了。不看字只看图，目光自然停留在自己想要的关键字上，这就是右脑读书法。

而关于③的方面，则是能够借着左脑的逻辑思考、右脑的敏感发挥作用而吸收情报。一般而言，没有效率的读书是被动的方法。从第一页看到最后一页，但是无法掌握重点，头脑无法发挥作用。

积极的读书要使用右脑。如果能够做阅读笔记就更好了。

48 "脑力"不刺激头脑会变得迟钝
——防止废用性萎缩

大脑生理学家林髞，也是著名的推理作家木木高太郎。他家里有两个角落，一个是专门进行林髞工作的学术性场所，另外一个则是木木高太郎用的气氛非常祥和的环境。学者林髞对于作家木木高太郎，以及木木高太郎对于林髞都会产生好的影响。

你是否能够尽量刺激自己的大脑呢？

◆脑需要强烈的印象

德国诗人菲亚欧尔特说：“没有比专家的心灵更狭隘的俗物了。”

人类的脑细胞过了二十岁后，一天会死亡数万个，但是，细胞死亡还是能够延伸、补充细胞的新回路，机能不会衰退。所以创造力等随着年龄的增长会愈来愈强。

最可怕的就是废用性萎缩。如果不使用脑的特定范围，细胞只会死亡，无法延伸新的回路，最后就会受到无法复原的损伤。例如住院时，肌肉长久不使用的话就会萎缩，大多必须借着康复器来使其复原，但是如果长期不使用，还是无法恢复原状。脑更是如此。

平常我们觉得自己过度用脑，但事实上，大部分的人脑并没有使用到。例如你是商人，右脑的艺术、创造范围以及左脑的计算、分析范围，是否真的能够使用呢？

数学家冈洁说："专家，很难对于广大的世界产生关心。容易对于狭隘的世界产生关心。"

此外，国际经济学家大来佐武郎也说："如果想要敏感地掌握不断流动的内外情势，则必须要拥有不执著于专门知识的广泛知识。除了自己专门的范围之外，如果疏离其他的事物，会造成'知'的不平衡，没什么好得意的。"

如果你希望成为一位专家，请你充分深思这些话语。如果你是企业总管，也不要局限于公司或业界的范畴，要努力扩展自己的世界。

49 "脑力"精通头脑管理者
——贝尔兹的发展论

以上班族为对象作健康管理的调查。关于身体健康管理的问题，具有很大的程度差，"在意的人"占97%。"不太在意的人"占18%，"完全不在意的人"只有3%。

而关于头脑的健康管理，程度差则是"在意者"占4%，"不在意"有96%，出现完全相反的结果。

你属于何者呢？

◆呆滞的脑与灵活的脑以什么为区分？

美国心理学家贝尔兹说："科学家展现创造成就的第一巅峰是在三十五岁到四十五岁时，第二巅峰则在五十五岁时。"

美国心理学家雷曼也说："科学家的创造力从

三十五岁到四十岁时达到巅峰。"先前也曾谈及过，过了二十岁以后脑细胞会大量死亡，但是创造力和判断力却会随着年龄而增强。这是为什么呢？

人类的大脑皮质当中，掌管创造力和判断力的额叶从十岁时开始发达，记忆力等过了二十岁以后开始衰退，这时额叶仍然持续成长。如果加以训练，甚至超过八十岁仍然能够成长。

也就是借着头脑的使用方式和管理的方法，能够永远伸展包括创造力在内的脑之"综合力"。但事实上，整个脑的细胞数减少，如果不刺激，即使额叶健在，整个脑也会衰弱。

那么，应该怎么样才能够刺激创造力，使其伸展呢？

德国哲学家尼采曾说："不要一开始就观察新的事物，老旧的事物、老旧的知识也要当成新的事物来加以观察，才是真正独创头脑的证明。"这述说了创造的本质。

所谓创造，是制造出新的价值。但并不是无中生有，而是将已有的素材（知识或经验）解体，重新组合而变成有用的东西。

所以，必须要拥有丰富的素材。

◆利用变化防止健忘

诞生于苏格兰的美国发明家贝尔说："不要一直走大道或是别人走过的道路。偶尔避开走惯的路，走进森林中，一定能够发现以往没有发现过的事物。注意到这些事物，从一种发现引导出其他的发现，就能渐渐得到具有价值的东西。"

在M食品公司工作的T氏，每天上班时都走同样的路。有一天因为道路施工不得不走另外一条路。结果如何呢？他看见非常棒的庭院。"这是谁家？"一边想一边走，在转角看到漂亮的住宅，在玄关看到一位美女。"怎么会有这样的地方呢？"一边想一边通过，回头一看，什么都没有。

原来是经常看到、认识的女性。再走回先前的庭院，发现与以往的风景完全相同。从此以后，T氏就经常改变通勤的道路。

询问五百八十六位上班族："上班时乘坐的车子以及搭车的时刻、座位，是否相同呢？" 23％的人回答"几乎都是相同的"，52％的人回答"对这些事情不关心"。

考虑到通勤状况，也许不得不采用一种固定的通勤方式。但偶尔下意识地换个车坐坐，会发现一些以往没有发现到的现象或光景。

日积月累，就会使得创造素材增加。

希腊哲学家亚里斯多德曾说："一边散步一边思考、讨论，就能产生好的构思。"借着走路给予脚的刺激，就能促进脑的活性化。

大脑生理学家久保田竞也说："使用脚有益于脑的活性化，而不使用脚的人则会加速脑的老化。"

其实，创造力就在你的身边。

50 "资格"是否有想要更进一步的积极心
——考试法

A君因为家庭状况不得不放弃就读大学，在书店工作，希望将来能够独立。他想，如果没有经营理念就没有办法成为优秀的经营者，因此到簿记学校的夜间部就读。一年以后通过了簿记检定一级考试。虽然没有大学毕业，但是他却得到了税理师的考试资格。于是他又更进一步地挑战。

税理师考试总共有五科，每一科都可以花五年的时间取得资格。一边工作一边学习，对于A君而言非常好。"因为没有用功的时间，所以必须集中精神学习"。结束了八小时的工作之后，吃饭、洗澡后花两小时，集中全部的精神进行有效的学习。结果花了四年的时间通过全部的考试。

后来他到会计事务所工作了一年，之后，自己开设事务所，开拓了大约一百五十家的顾问咨询，同时也担任药品厂商的总经理部长。

你能看出具有这种发展可能性的资格吗？

◆附加价值

拿破仑说："即使有优秀的能力，但是没有机会也不足为道。"

喜剧之王卓别林认为人生需要的是"爱、勇气和钱"。取得资格的目的是能得到开拓人生的勇气，同时也能够使得金钱倍增。以下为各位介绍提高自己能力的取得资格秘诀。

为了成功，不光是要取得专门资格，同时也必须培养资格附加价的能力。

①特殊能力

只有这个人才具有的特征能力。以前要求的是各科都要达到平均以上，但是现在即使有一科在平均以下，可是特定科目能够得到满分的人，更能符合时代的需要。反过来说，如果没有特殊能力，则会变成无可无不可的无能力者。

②行动能力

一旦展开想要取得资格的欲望和行动，则能够得到好评。但光是纸上作业毫无意义，必须要有能够活动的行动力。

③创造能力

在经济及社会环境瞬息万变的今日，具有能够应付环境的弹性以及更具发展性的解决问题能力是比较重要的。资格虽是有力的武力，但是不可以因此而沾沾自喜，因为现实并不是这么轻松的。光是以资格当成武器的人，只不过是齿轮之一而已，相信在你身边这样的人比比皆是。如果状况改变，恐怕就会被踢到一边去了，像这样的例子非常多。这就是必须要有创造能力的理由。

◆建立强烈的动机

罗马政治家基凯洛："我的智慧是我最好的所有物。"

认识取得"资格"的意义（心理学所谓的建立动机）非常重要。

①当成绝对必要的条件来取得资格

例如律师、司法官等等，不具有这些资格就不能够处理相关业务。

②当成专职（专家）的必要要件来取得资格

例如，虽然法律没有规定没有资格的人不能够从事翻译的工作。但如果想过翻译专家的生活，需要能够客观判定的能力证明。所以通过英文检定考试或者是导游资格，是成为专业人士的第一关卡。

③当成自我启发的手段来取得资格

如果我们想要学习而没有目标，很难起步。所以就算与目前职业没有什么特殊关系，还是要努力地学习。

——那么资格到底具有何种效果呢？对于许多的商业而言能够立刻发挥作用。

①提早晋升

机械场M公司的专利课长B君，在进入公司后第三年取得代办人的资格，翌年在人事调动中升为课长。亦即资格成为他晋升的关键。M公司强调实力主义，高中毕业取得一定资格，比大学毕业者能够更早晋升，设定了这种"特别升格制度"。我想，这一类的企业今后还会持续增加。

②加薪

Y银行规定，一旦取得中小企业诊断师的资格，则每月给予一定的资格给付。此外，取得特定的资格，则给付奖励金的企业也增加了。只要递上资格，在定期加薪时连资格薪资也一并加以计算、支付的企业也很多。

③自我启发

为了取得资格而学习，大半都会成为一种很大的自我启发。因为要取得资格的积极态度，能成为从事创造性工作的专家条件。

④有助于转业

转业的重点就是成为具有魅力的上班族。对于企业而言，有用的资格会成为武器。

⑤能够帮助兼职工作

除了本职之外，还可以拥有与打工不同的另外一种本职。如果想要借着两种以上的本职增加收入，也可以取得资格。

⑥可以当成副业取得副收入

S商事公司的T君活用英文检定考试的资格，而从事翻译英文书籍的副业，结果得到与每个月薪资相同的副收入。夫妻每年都会利用休假一起到海外旅行。

⑦过着有意义的生活

在复杂的社会构造当中，我们都是一个个的小齿轮，但是在心中却有无限的梦想。如果没有和无能力上司争吵的气魄，或者不具有抗议公司不合理状态的力量，则在公司工作会变成一件很无趣的事情。如果取得有用的资格，随时都可以辞去公司的工作。资格能够使上班族增加工作的选择性。

⑧有利于独立

根据某项统计，97％的上班族都会考虑独立，但是

只有3％能够成功。独立，如果只是以含混不清的计划来
进行，非常困难。基本条件就是要拥有资本或者是取得
资格。

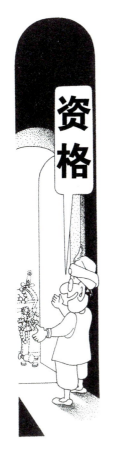

⑨消除生活的不安

资格除了能够加薪之外，也可以
借着从事副业的副收入消除经济生活
的不安。不论是公司倒闭或者是被解
雇，日后对于自己都有利，能够消除
精神的不安。

⑩消除老年的不安

专家没有退休制度。此外，退休
之后也可以特约顾问的方式留在公司
里。

资格是武器，就好像是武士的
刀一样。所以拥有资格者被尊称为律
师、检察官等等并不是没有道理的。

但是，资格会因时代的不同而增
减，需要也不同。例如，以往有中古

汽车审查师，在节省能源时代有能源管理师，而伴随着作业环境的充实有作业环境测定师等等。反过来说，也有很多不用的资格，即使取得也毫无意义。

作家半村良先生，最初想要成为一位作家，出发时考虑到"自己的空位在何处"。结果在最初的长篇小说下意识地加入了SF要素、传奇小说要素、色情小说要素。后来，他知道了在传奇小说以及述说江户时代小市民心声的范围内有自己的空间，因此，将目标对准这个方向发展。

在小说的世界里，你必须要考虑这些需要决定工作。而在取得资格时，最重要的就是不要在无用之处浪费时间。这一点也必须要仔细思考。

第五章

避免浪费时间与行动的
心理法则

成功最讨厌浪费。但是各位别弄错了，免得变成了斤斤计较的人。讨厌浪费的意义是说必须在重要的事物上耗费心力，要集中精神、时间在必须要做的事物上。

我们经常被何者追赶呢？大多是被"忙碌"这个观念所追赶。

时间管理、自我管理就是巧妙控制自己焦躁的心理。不要让预约排满了整个时间表。

培养了时间管理的法则，就不会再发牢骚说自己"很忙"。一天二十四小时能够配合你需要的时间，自然增加了两倍、三倍。

51 为何愈忙碌的人愈能工作
——拿破仑技巧

拿破仑是能有效地将工作交付给部下的名人。愈是重大的任务愈会交给工作很多、非常忙碌的人物。忙碌的人能够巧妙地判断优先顺位，知道该如何组合工作，知道如何加以处理比较好。愈有空的人这种能力愈低，交给他也只是忙得团团转而已。而拿破仑充分看清了这一点。

你是忙碌的人还是手忙脚乱的人呢？

◆你是"忙碌的人"还是"手忙脚乱的人"呢？

希腊哲学家提夫拉斯特斯说："最昂贵的浪费，就是时间的浪费。"

有很多人的口头禅是"时间都不够用"，时间不会自己朝你走过来，必须要你自己制造出时间来。律师、公认会计师、翻译资格三冠王黑川康正也认为："有没有时间不是问题，问题在于能否制造出时间来、如何制造出时间来。只要切实地想'制造时间'，就能够找出制造时间的方法。"

制造时间的具体方法之一，就是该做什么事要有优先顺位。如果有工作的话：

①紧急度、重要度较高的工作；

②紧急度较高但重要度较低的工作；

③紧急度较低但重要度较高的工作；

④紧急度和重要度都较低的工作；

以这样的方式，按照①～④的顺序来区分是基本的方法。此外，①自己绝对应该做的工作，②自己可以做，但不是绝对要做的工作，③自己可做可不做的工作，以这样的方式来区分，甚至不要去管③的工作。

在一天工作结束时，就必须分好第二天工作分量的优先顺位。这样就能产生余地。如此一来，即使"非常忙碌"也不会变得手忙脚乱。

52 浪费是心理的结果
——拉金法则

某个公司因为经营恶化，将近八成的商品都要中止生产。但是营业额却没有减少，而是成功地恢复了。

这到底意味着什么呢？

◆利用二成的工作达成八成的总价值

英国政治家迪斯雷里说："小人把小事也当成大事。"

如果要毫无错误地排定优先顺位来实行，就要了解美国时间咨询顾问拉金所开发的"八〇对二〇的法则"。

也就是——"所有的项目按照价值顺序排列时，总价值的80％是来自于上位的20％"。

举个简单的例子。

·八成的营业额是从二成的顾客那儿得到的。

·80％的生产额是由20％的生产线制造出来的。

·八成的使用情报是从二成的资料中取出的。

·80％的电话是特定的20％的人打来的。

·请病假的员工中，八成中有二成的特定从业员。

·80％的垃圾存在于20％的地面场所。

各种情形都适用拉金法则。

前项为各位介绍过利用紧急度与重要度将工作分为四种的方法，以及分类为自己该做或不该做的三种方法。但即使分类，如果全都要做得很完善的话，就失去优先顺位的意义了。

要培养出舍弃低价值工作的态度来，而要集中能量和时间去做价值较高的上位20％的工作。这样就能够产生80％的总价值。

拉金法则能够提高工作效率，同时也能够让你从"忙碌"、"糟糕了"的强迫观念中解放出来，培养出一种即使是庞大工作也能够应付的心理法则。

53 把他人的时间当成是自己的时间来使用
——交付法

先前介绍的优先顺位是：①自己绝对应该做的工作；②自己可以做，但不是绝对要做的工作；③自己可做可不做的工作。①与③的优劣，不用我说大家都知道。关于②，不知道各位有什么样的想法？

◆即使忘记也无妨的安心能够产生热衷的态度

美国石油大王洛克菲勒说："如果有人可以代替你做，那么我会把难度更高的工作交给你做。"

开头的答案应该是"在②当中接近①，自己做了之后有好处的工作可以去做，而其余的则加以排除"。当然，③一开始就可以交由别人去做。

如此一来，就可以了解到，大多数的日常业务实际上都是不需要亲自动手的工作。如果要写出详细的企划书，或者是利用个人电脑取得信息，则可以文件的方式来处理，但如此一来，②中接近③的工作会夺走宝贵的时间。因此，应该交付给年轻的职员或者是打工的人员去做。这也可以是说将他人的时间当成自己的时间来活用。

而使用他人的时间增加自己的时间时，必须注意以下两点。

第一就是①自己绝对应该做的工作，不管在任何状况之下都不可以交付给他人去做。因为必须自己完成的工作，别人一定没有办法有效地完成，如果做错反而会受到严重的责备，或者是觉得做得不够周到，自己又要来弥补，等到期限到了才勉勉强强完成工作，这样会造成时间的浪费。

即使产生时间的余裕，但是也不可以做③的工作。必须要"将①再度确认一下"，绝对不能够脱离价值较高的工作。

另外一点，就是在交付工作的时候，要好好地说明意图和做法。这时如果想要节省时间，事后可能会出现很多的漏洞。商业最讨厌"即使我没说明，你也应该明白"这种暧昧的情况。如果不说明，只是将工作交给对方，拜托他"你做吧"，事后才说"这样做不行啦"，恐怕为时已晚了。

一定要仔细而且告知期限，再将工作交给对方去做。这样就能成为"那件工作已经可以忘记了"的安定心理根源。

54 在觉得有趣的时候就要中断工作
——塞加尔尼克效果

我有一位朋友认为，在看到自我启发书等有趣的部分时就要赶紧将书合上，过几天之后再从这个部分开始阅读，这样就不会忘记书本的内容。心理学上也确认这是提高记忆力、集中力的方法。

你在工作方面是否属于一气呵成型的人呢？

◆留下再翻开来看的心理期待

英国政治家托马斯·马克雷说："学问并非一蹴可及，而是慢慢进步。"

日本英文学家外山滋比古曾说：

"看书的时候，兴趣有高低起伏。感觉非常有趣的时候，继续看下去，渐渐就会到达感觉不是很有趣的部分。过了这一段部分之后，又开始感觉到非常有趣。感觉疲倦时，就要在山谷处中止。其他的明天再看，然后合上书，但是结果永远不再看这本书的情形也不少。所以没看完的书常堆积如山。"

"阅读的秘诀就是不要在低潮处（山谷处）停止，要在高潮处，也就是山峰处暂时停下来。因为接下来的内容非常有趣，会有还想继续看下去的心情，这时要赶紧将书合上。这样就会制造出再次打开书来看的关键。相反的，如果觉得索然无味而把书合上，由于书本身缺少吸引力，渐渐就忘了要再看这本书。也就是和书永远地诀别了。"

一般而言，如果在情绪高昂的时候中断事物，较容易持续集中、记忆。这现象称为塞加尔尼克效果。

工作也可以运用这种效果。

我们通常是用时间来划分工作，但是应该在感觉有趣的部分暂时停下来。尤其是同时进行几项工作的时候，这个中断法非常有效。

也许你会想"在感觉有趣的部分根本不想停下来"，但是工作的兴奋持续下去的话，恐怕没有办法一直长久持续下去。反而是留下一种"从最快乐的部分再度展开"的心理期待，才能够使得兴趣持续下去。

55 因区分法的不同，时间的密度完全不同
——金布尔定理

美国心理学家金布尔曾进行过一项实验，将英文字母倒过来书写，保持一定的休止时间或者更换各种作业时间来进行。结果发现短时间区分的作业比长时间的作业

更能够提高学习效果。

你如何运用这个法则呢?

◆只要有干劲，花几小时去做也无妨的错觉

苏格兰医师斯马尔兹说："要立刻做完许多工作的最快速方法，就是一次只做一件事情。"

前项为各位介绍了在感觉有趣的部分中断工作或学习的方法。不易做到的人，也可以采用将作业仔细区分来进行的方法。

心理学有观察思考集中度的方法，称为作业检查法。以三十几岁的主妇和上班族为对象，调查进行某项作业的效率，结果主妇花十五分钟完成的作业，上班族却花了四十分钟，作业效率为其一半。

例如，教材类与其一口气看完还不如纳入休息时间来阅读，较能增强记忆力。

具体而言，集中作业二十分钟以后休息十分钟，再继续作业二十分钟比较好。人类的集中力只能持续二十

到二十五分钟。虽然有的人会说："不，只要有干劲，即使持续几小时也无妨。"但这是错觉。因为这时头脑疲劳，效率减退，根本无法认清楚一切。

到底要以几分钟来区分作业呢？依个人集中力强度的不同而有不同。

不要勉强缩短或者拉长时间。

NHK认为"如果长时间的节目在中途加入广告，观众可能会转换频道，反而不利于节目"。但是NHK不加入广告的做法，反而让观众没有办法长时间集中精神在电视上。所以，适度加入广告反而更有利。

电视或是广播电台的节目与广告的间隔，大多以十五分钟为单位，这是忠实遵从心理法则的做法。

56 如果分别使用"两个自己"
——复线化的效用

有的人认为一次做两件事情可以一举两得，但有的人却认为追两只兔子，到最后连一只兔子都得不到；也有的人认为如果不努力一次则无法得到大成。

你的想法属于何者呢？

◆忙碌、毫不浪费的幸福人生

德国作家坎比斯说：“能成一事者能成多事。”

“复业”是指除了本业之外，还另外再做一份工作。

这个想法和副业或者打工是完全不同的。

因为薪水比较少，或者是有贷款压力等经济情况的背景，趁着在公司工作的空当兼差赚取副收入是副业。也就是对本业而言，它是一种副业。所以，要选择在短时间内能够赚取金钱的工作为其特征。

但是，复业并不是把公司的工作当成本业。可能是计划未来或者是为了实现自我，而有一个长期计划的背景，为了扩展自己的可能性而从事复业（两种工作），两种都是“本业”。因此，刚开始也许赚不到钱，但特征是选择自己想做的工作。

在严苛的时代中，很多人会感叹"公司不好"、"经济政策不行"，但即使进行这些批判，也没有人会来帮助你。所以，问题在于根本没有办法应付这种状况的自己。中国汉朝的学者刘向曾说"临渴掘井"（等到事情迫在眉睫时才准备，为时已晚了）。所以，在自己的地位还安泰的时候，为了以防万一，必须要事先计划。

其中一个回答就是复业。实行时需要坚强的意志，但如果考虑到自己的将来，就会感觉到这是有意义、快乐的事情。

并非单线使用时间，而是复线使用时间的复业想法，可以当成长期时间管理来加以运用。即使时代、社会不好，但是能发展的人还是能发展。人生就是长距离赛跑。

57 收集零零碎碎的时间
——四角时间活用性

因"人生论"著名的英国作家贝尼特，认为时间的使用方法是："一天就好像皮箱一样。有技巧的话，里面可以塞两倍的东西。起初不要把东西摆在正中央，从四角开始，避免占空间，尽量地填塞，最后再塞满正中央。这样就能够完全使用四角的时间，绝对不会浪费，你的一天也可以增加为两倍。"你的一天二十四小时是如何增加的呢？

◆工作、学习不要选择场所

法国道德家拉·布吕耶尔说："最不懂得使用时间的人，就是对于零碎时间发牢骚的人。"

如果把时间管理当作是填写时间表，那么一天二十四小时的时间绝对无法增加。

活用缝隙时间才是引导人生成功的时间管理真谛。

例如，走路时要花十分钟，等候时间为三分钟，下午茶时间五分钟，如果茫然度过的话就没有办法收集这些零碎的时间。可以在这段时间内写写明信片、打电话给客户，大部分的杂事利用这种零碎时间来处理，就能够提升工作效率。如果你打算利用这些零碎时间来学习，那么在几个月当中就能够赚取好多个小时。

上智大学教授酒井洋，由以下的方式来使用等待的时间。

"我经常塞一些便条纸在口袋里。没事就写一些短歌、川柳等。从与他人的谈话或者是报章杂志的标题中看到值得留在记忆中的事项就写下来。就好像是杂记本一样。

"其中我认为最有帮助的就是外文的学习。年轻时想学习中文，而我利用时间的方法，也就是在口袋和公事包里摆着'和×辞典'。透过身边的事物或是与人谈话时的话题，只要是有关系的字眼就会赶紧查字典，然后抄写在便条纸上，反复练习十次。只要花三分钟就可以记住一个字。大家都能办得到。三十分钟就可以记住十个字了。"

◆扫除糊涂时间的检查表

法国剧作家鲁纳尔："不会浪费时间的只有时间而已。"

要防止浪费零碎的时间，评论家桑名一央列举的表格如下：

□是否一直窝在床上呢？

□没做好明早的准备就睡觉了吗？

□离家出门时还会花时间找东西吗？

□到达自己的座位之后，会浪费时间和同事说一些无聊的话吗？

□会因为宿醉或者睡眠不足而头脑茫然吗？

□到了公司之后会花太多的时间看报吗？

□工作时会不会偷懒呢？

□会不会以没兴趣为理由，浪费了很多时间之后才开始工作呢？

□会不会因为没有仔细思考顺序或方法就开始工

作，结果为了重做而浪费更多的时间呢？

　　□会不会因为准备不足而在工作时摸不着头绪呢？

　　其中是否有几项符合你呢？

58 学习要在"电车书房"中进行
　　——帕布森法则

　　最多的零碎时间就是通勤时间。例如一天三十分钟的通勤时间，一年就有一百八十二个小时，如果是新书就可以看六十本了。

　　你会以何种目的集中精神在这宝贵的时间上呢？

◆时间不足是智慧不足

　　英国文学家S·约翰逊说："短暂的人生，会因时间的浪费而变得更短。"

麻省理工学院教授、统计学权威帕布森曾提出"一天花一小时学习，一年就会成为一种专家"的帕布森法则。

例如，工作非常辛苦，但是却通过税理师考试的A君，其方法如下：

能够学习的时间只有在回家之后晚上九点开始的一个小时而已。因此他把通勤电车当成书斋来活用。从千叶到涉谷的一小时十分钟内，每天阅读专门书籍。中途如果能够稍微提早通勤时间确保座位的话，就更能提升效率。仅仅两年就达成了目标。

因此，会认为"帕布森法则是理想论，我有工作没有办法做到"的人，并不是"时间不够"，而是"没有智慧"。

我曾再三说明，如果能够活用包括通勤时间在内的零碎时间来达成目的，则任何目的都能达到。

中国诗人陶渊明曾说："及时当勉励，岁月不待人。"要制造出时间，首先要认识时间的价值，在脑海中经常想着"自己目前做什么比较好"。

希腊的克里梭斯特姆斯就说过："不要说打算明天早上再做。因为到了早上你不可能会完成工作。"所以想到明天的人绝对不要浪费今天。时间就是在这种心态中制造出来的。

59 度过早晨的方式太放松了
——早晨型的利益

人类的体温在早上清醒时突然开始上升。从下午两点开始降低，到了深夜两点时降到最低。我们的身体，应该是上午工作、下午休息、晚上睡觉的构造。

你有没有早上睡懒觉的习惯呢？

◆早上的钱包中塞满了新的二十四小时

德国大文豪歌德说："早晨的时间带有金币。"

成功者大多是早晨型生活者。日本南北朝时期的武将楠木正成就说："鸡鸣不起，日暮悔矣。"

开头的歌德也认为："人生是一天的累积，而一天的开始则是早晨。也就是早晨清醒之后觉得非常清爽的话，那么这一天都能快乐地度过。每天每天这么做，自然就能过着快乐的人生。"

具体而言，"如果想要有效使用一天的时间，则不管在任何情况下，早上起来之后立刻起床。不可以一直窝在床上。"这就是告诉我们早起的重要性。

医学上证明，同样时间的睡眠，晚上十一点就寝、第二天清晨五点起床，比凌晨一点就寝、第二天早晨七点起床更健康。

重视早晨的时间才能够获得成功。欧洲的俗谚也说："如果损失早晨的一小时，一整天都要追赶这一小时。"

退休后，投注财力在教育慈善事业的美国钢铁大王凯吉也说："早晨睡懒觉是在浪费时间。没有比这个费用更昂贵的了。"

◆你的一小时相当于多少钱呢？

美国管理学家德拉卡说："时间是最贫穷的资源，如果不能加以管理，则不能进行任何的管理。"

如果想要将时间的重要性强力地刻画在心中，那么可以计算一下时间成本。以年间劳动时间除以年收入（月薪加年终奖金），看看得到的结果如何。

例如，年收入八百万，一年劳动时间一千八百小时，那么个人的一小时成本为四千四百四十四元。换言之，一小时的劳动价值为四千四百四十四元。一分钟为七十四元。如果随便花三分钟抽烟，则浪费公司二百二十二元。

但是公司所负担的不只是报酬而已，还包括办公费、电话费等各种经费在内，公司对于每一位职员要负担两倍年收入以上的金钱。所以年收入八百万元的人，一小时的成本是八千八百八十八元，一分钟是一百四十八元。换言之，年收入八百万元的人必须义务贡献公司一千六百万元。所以，即使是早上的一小时也不可以浪费。当然时间不只是为了公司，也是为了自我实现而存在的。

60 热衷能使人生变成两倍、三倍
——热衷法

法布尔出生于贫穷的农家，少年时代对于昆虫很感兴趣，后来即使时间很少也会努力学习。之后在乡下担任老师，除了本业之外还持续进行关于昆虫的生态研究。辞去教职之后，花了三十年的时间完成《昆虫记》十卷，对他的耐性，我们真的要脱帽致敬。

◆利用头脑就能去除头脑的疲劳

法国昆虫学家法布尔说："对我而言，没有比连一分钟的休息时间都没有更幸福的事情了。只有工作才是最幸福的事。"

经常有人说"天才的另一个名字是努力"，法布尔也是珍惜零碎时间、勤勉努力的天才。

有效利用时间而成功的日本人是森鸥外。

他是著名的文豪，毕业于东京帝国大学医学部之后，以军医森林太郎的身份到德国留学（当时他与"舞姬"的模特儿恋爱），后来担任最高地位的军医总监，曾任帝室博物馆长、帝国美术院长等，是非常活跃的人物。

鸥外军务繁忙，可是却能够完成许多的作品，这就是因为他能够巧妙地进行时间管理，彻底利用日常生活的时间。

例如，他用餐时间一定不超过十五分钟。

而且能够巧妙地利用学习时间。有一个著名的传说：

鸥外在晚上用餐前，要对某人进行德国哲学的个人授课。但不光是教导而已，结束之后，那个人还要教他唯识论的课程。吃完晚饭又立刻到传教士那儿去学习法文。

61 将后悔心理当成资源
——机会成本

心理学家巴格拉斯和琼斯曾做过"借口"的心理实验。给①群无法解答的问题，给②群简单的问题，在解答到一半时"可以服用增加智慧的药A，以及降低智慧的药B中的任何一种"，排列好伪药。

结果解答不出问题的①群，60％选择的不是会增加智慧的A，而是会降低智慧的B。这是因为有一种想要得到"无法解答问题是因为药的缘故"的借口心理作祟。而②群选择降低智慧的药B，只有不到20％。

◆自己陷入不利条件中······

美国科学家富兰克林说："你爱生命吗？那么就不要浪费时间。因为时间是制造生命的材料。"

像开头所说的"做不到是因为××的缘故"，这种责任转嫁的心理，也可以算是一种让自己进入不利条件中的心理，懂得自我管理的人不会这么做。也就是不会想逃避责任，而会想"既然这样不行，那么就要去除障碍才能成功"。

不论是商业或是人生，经常因为大好时机逃脱而感到非常后悔。

这种后悔的心理称为"机会成本"（机会原价），原本是经济学用语。虽然有更好的投资机会，但是却放弃而造成损失，损失加上应得的利益，造成双重后悔的心理。

举个简单的例子，一旦加班就会得到一万元的加班费，但是不加班却跑去喝酒，喝酒的钱以及车费用掉了一万元，这天晚上的机会成本总计花费两万元。

　　失去的机会不可能再拾回。但是却可以完成"为了得到下一次好机会，应该做什么比较好呢"的准备。这也是一种自我管理。

　　因此，首先必须要了解自己工作的问题在哪里。自己能够发展的条件、能够提升效率的方法等，都必须要列出表来加以检讨。如果能够化为客观的数值，就能看清解决问题之道，也就不会再找借口逃避了。

62 你能够在今日订立计划、看清十年后的发展吗

　　——独立准备的活用

　　经济评论家百百由纪男，指出上班族要有钱有三个管道：①对于工作全力以赴，提升地位，成为公司干部；②利用副业赚取财力，公司的工作适可而止，取得余裕；③不再当上班族，目标独立。

　　观察一些贫穷型的人，并非是属于三者中任何一种的

半途而废者。对于本业不热衷，也不想要从事副业，而且也没有独立的气概。如此一来只会造成时间的浪费。

◆自我管理的秘诀

普鲁士皇帝米勒说："可以等待机会，但是绝不可以等待时间。"

成功的时间管理、自我管理之一就是目标独立、做好万全的准备。评论家福富太郎述说这一方面的技巧如下：

"我刚开始做生意的时候，一直认真地考虑该怎么做才能独立，这时某位前辈对我说了一番话。他说在店里服务一开始就会想到'我要花三年的时间学会这门生意的技巧，然后独立'，想要这样干的人是绝对不会成功的。因为店的经营者虽然想要一个非常能干的人，可是发现他三年之后就会离开自己的店，那么一开始就不需要雇用这样的人来工作了。对于这种不值得信赖的人，当然也不会去好好地照顾他，也不可能为他开拓机

会。的确如这位前辈所说的。经过后来的经验，我发现
独立的机会并不是自己勉强制造出来的，而是只要认真
工作就一定会到来。"

我想，这一番话适用于所有业界中平常就表现出诚
恳服务态度的人。

上班族要以开头的①当成成功的基本。当然，以
独立为目标持续学习和搜集情报，但不会暴露自己的野
心，才是一种真正巧妙的自我管理。

罗马诗人欧威迪斯也说："在任何场所都有机会。
要随时准备好鱼钩。在认为钓不到鱼的地方经常都会有
鱼。"

◆想要避开大企业心理的损失

**美国石油大王基提说："进入大企业，就好像是搭乘火
车一样。你是以时速六十公里的速度奔驰吗？还是你只是一
直坐在以时速六十公里奔驰的火车上，一动也不动呢？"**

百百先生所指出的"贫穷型"的人，特别是大企业

的上班族更要仔细玩味这番话。

大公司里的人，经常在脱离公司之后就不堪使用了。也就是因为公司的名气而头抬得很高，不愿低头遭遇失败。并不是靠着自己的力量，而是靠着名片的力量进行工作，但却错以为是自己的实力。

在这一点上，中间公司或者是小企业等，则能够认真地向周边学习。这一点非常重要。中小企业不知道公司什么时候会瓦解或者是被合并，当然会以踏实的方式储蓄金钱，而且会认真考虑到转职或独立的事情。

所以从生涯规划这一点来看，与其进入一流的企业还不如利用中小企业磨炼自己，才是到达成功的捷径。当然最后还是要以自己的实力来一决胜败。

63 尽量使用公司时间，自己的时间也不会不自由

——个人化的心理

一旦就职，个人会受到公司强烈的影响。心理学将其称为社会化过程。但是经过几年之后，变成个人对于公司发挥作用。这就是个人化过程，有三种形态：①完全否定公司或反抗公司；②建立一个接受重要规范，却忽略细节的自己，形成创造的个人化；③全面服从公司，也就是所谓的公司人。

你的自我实现是属于那一型呢？

◆看法的不同会使公司变成学校或地狱

美国作家夫拉说："不伸出手无法得到想要的东西。"

评论家竹村健一在报社工作时，几乎每个星期天都要上班。但是对他而言却有很好的影响。

首先就是大部分的人星期天都想休息，因此星期天不用上班的人会感到很高兴。第二点就是星期天不会遇到啰嗦的上司，可以悠闲自在地工作或学习。第三是平常就可以休息。

竹村平常担任天理大学的兼任讲师，而且是和家人一起开车，然后到大学教课。每周和家人一起开车出游一次，到了风景好的地方，就将喜欢画画的夫人放下来。夫人和孩子一边玩一边画画，而竹村则去上课。

由于星期天上班，因此能够得到在大学教课的附加价值，而且还可以享受开车出游之乐。

只要产生一些好的构思，即使是上班族，不论是要独立或者是出人头地，都可以得到学习的绝佳位置。

"一旦离开公司之后，没有办法从公司里得到许多的经验和情报。"公司就是学校。如果能够了解这一点，就能够尽量地学习。有能力的上司或者是同事、部下，都可以成为自己的老师。而如果是遇到无能力的上司或是反抗的部下，也可以当成成长的粮食。

这可以算是公司中个人化心理的一个有效解答。

64 不要忘记时间也有"浪费的效用"
——安心法

竹村健一昔日曾拍了一个"在会议中，居然有人拿了这种资料来，真是太笨了。我只要这个，这个就够了"、摇着小笔记本的广告。但是，很多看过这个广告的人可能会觉得哑口无言。

因为广告中，这个人所拿的笔记本中塞满了用独特技巧浓缩的情报。我们却无法办到这一点。

你如何进行资料的处理呢？

◆多花点功夫就能节省时间

英国圣职者托马斯说："不会陷入危险的方法就是不要认为自己很安全。"

有的人为了节省时间而在开会或者是交涉时只使用最低限度的资料。但是心理学上认为，这并不是正确的方法。

因为，实际上认为不需要的资料，也许到时候突然变得很重要，对方可能会提出要求其他的资料。而这时

如果你说"没有事先准备"，会造成心理的压力。

就算说"稍后为您送来"，也会使得对方不信赖你，结果和事先准备所花的时间相同。不，事后交出的资料可能要求更为完善，因此可能要花更多的时间。所以，即使是不需要的资料，也要尽可能准备好，这样才能节省时间。

也可以从一般的心理来探讨资料不足所造成的损失。

例如，早报送来时，有时会夹着比原先的报纸更厚的一些宣传单。有的人不会全部都看过，几乎是看都没看就丢掉了。

尽管如此，如果早报不夹一些宣传单就觉得好像缺少了些什么。即使是不需要的宣传单，也能得到量的满足感。

在会议时，尽可能连不需要的资料都准备好，也能发挥同样的效果。如果只有一张准备得非常好的资料，不具有说服力，也无法使看的人产生安心感。

虽然是不合理的要求，但即使是认为对方不会看的资料也必须要搜集好，增加文件的厚度，这种安心的力量是不容忽略的。因为对方会给你"准备得非常充分"的评价，你自己也不必担心害怕。

不论是利用邮寄方式的传阅还是会议，都是同样的情况。薄薄的一份资料无法得到他人的信赖。人不论是何种体型，通常都具有会被物理量压倒的心理。

当然，每一份资料都必须要给予标题，虽然量很多，但是只要翻阅一下就能够把握住概要的资料，才算是准备齐全的资料。

第六章

创造更强韧的自我
——自我控制

虽然我们下过好几次的决心，但还是没有办法戒酒或者是戒除饮食过量的习惯，即使想要早起或者是学习语言，可能都只是三分钟的热度而已，可以说是意志薄弱的人。

但是，同一个人在进行必须负责任的工作时，可能会不惜熬夜劳力工作，甚至牺牲了家人、朋友也不后悔。

在我们的心中都有能够激发出自己惊人力量的存在。这也是成功的条件。

成功者并不是具有什么特别的才能或者是美好的素质，只是不会放任自己的心，能够保持涌现力量的状态而已。不论是谁都可以简单地实行这个方法。心理法则是万人共通的。

为各位介绍打破日常生活外壳的极端做法。希望今天就能成为崭新、成功的重生之日。

65 使自己更有自信的心理学
——叔本华的钟摆理论

在黑暗的房子里凝视镜子的光点，会觉得光点好像在移动。这就是所谓的"自动运动"。据说与眼球的移动有密切的关系，但是真相不明。

经过证明，与心理动态有密切关系的相同现象称为"观念运动"，有很多人使用这种运动集中精神。

◆所有发生的事情都是心里的表现

雅典将军迪莫斯提尼斯说："人只相信想相信的事物。"

在三十厘米长的线前端绑个钟摆（五元硬币等），用手指抓住一端，让钟摆下垂到杯中。

凝视着钟摆，心想"自然移动"，结果真的开始摇晃了。摆动的方式愈来愈激烈，最后甚至撞到杯缘而发出声响。

这就是观念运动。也称为叔本华的钟摆理论。

并不是在心中想着"移动"而已，甚至在口中念着"移动、移动"，就能更快开始移动。

这个实验尝试几次之后，甚至连钟摆撞到杯子的数目都能够随心所欲。心想"撞三次"，结果就真的"叩、叩、叩"撞了三次。

这并不是故意使其移动。放松手臂的力量时，"移动"的观念成为一种暗示，对身体发挥作用而引起微妙的肌肉运动。

所谓观念运动，就是暗示身体成为一种运动而表现出来。当精神集中在一种观念上时，如果不产生其他意识，则会如观念所想的方法移动身体。只是产生些微的运动，自己也觉得"的确如此"，就更容易产生一种暗示，而使得观念运动更为激动。

这个心理现象如果运用在成功法则上，应该怎么做才好呢？

就从精神集中这一点来看过程吧！

观念运动，首先要让意识容易集中在钟摆上，形成"移动"的自我暗示。其次，钟摆运动更能提高集中力。也就是观念运动的形成，就算是高度的精神集中了。

因此，实际上钟摆自由移动之后，闭上眼睛，脑海中也能清楚浮现钟摆移动的情况。如此一来，只要看着指尖，就可以想出钟摆移动的状态。

这时，你的精神已经达到高度的集中状态。

这样就能提高集中力，借着精神集中而拥有自信。例如，突然面临紧急事态或者是紧张场面时，值得一试。习惯之后不看指尖，只要脑海中产生钟摆移动的印象，就能够集中精神。

66 信念能渡过人生的浮沉
——伪药效果

给予患者真正的吗啡和搅起来像吗啡的白色粉末。这个实验显示，接受真正吗啡的患者，52%疼痛消失，而只接受普通粉末的患者，40%疼痛消失。也就是即使是伪药也具有和真药同样的效果。

这种身心的关系称为"伪药效果"。

◆信心要比疑心更坚强

德国俗谚："没有比相信自己运气的人，更好运的人了。"

伪药这个字是来自"感觉满足"或是"感觉喜悦"意思的拉丁文。给予患者既无毒也并非药物的牛奶或是水、生理食盐水等，让患者认为"有效"的效果研究，在欧美非常盛行。

日常生活中，代表这种伪药效果的就是"护身符"。

虽说"尽人事，听天命"，但是人生经常会有几次遇到人事与天命交界的场面。在面对会对将来造成极大影响的重要会议前，或是面临大考时，这时想要平心静气是不可能的。经常就会有"痛苦时祈求神明"的经验。

但是，拥有信仰的人必须要在祈祷时面对佛像或十字架，也就是要依赖神明必须要有一些象征。

这时就要使用护身符。

护身符并没有保证成功的根据。但是，许多的先人透过成功体验将其视为暗示的象征。

只要相信护身符，护身符就能成为心灵的镇静剂。心情平静之后就能浮现好的灵感，毫无遗漏地发挥学习的成果。下一次遇到同样的情况时，护身符的力量就增大了。

恋人送给你的吉祥物或者是自己决定好的吉祥物等，都具有同样的效果。

在面临紧张局面时，相信"效果一定会出现"的信心，比"也许无效吧"的疑心具有更强大的力量。信心能够使得生理活动旺盛，提高大脑的功能。

◆迷惘时依赖第六感

英国俗谚："赛跑时行动敏捷者，或者是战争时的强者，不见得每次都能获胜。这就是赌博的理由之一。"

我曾担任过好几次监考人员，因此看过许多考生的表情。有的人一心动笔，有的人只是凝着天花板的一点，有的人一开始就放弃地趴在桌上休息……

最危险的人，就是用橡皮擦擦拭着答案纸、经过思考之后再填入答案的人。对于一个问题感到迷惘，就会陆陆续续出现迷惘的状态。渐渐地时间不够用，根本来不及解答问题。

所以，一开始就要讲求技巧。

技巧就是利用直觉，也就是所谓的第六感来做答。也许你会认为这种方法"太不负责任了"，但这是有根

据的说法。

换言之，虽然自己没有清晰的记忆，但在潜在意识当中却留有学习记忆，因此直觉就是来自学习记忆的信息。

根据某位考试相关者所说，如果是选择题或者是是非题的考试，长时间想出的解答和利用直觉想出的解答，其正解率大致相同。

论述题形式也要写最初浮现在脑海中的内容，这时的质量比经过一番长久思考之后写下的质量更高。

因此，在考试时，先大致看一下整个问题，从会做的问题开始，感觉迷惘时将浮现在脑海中的答案抄下来，然后再重新看一次。如果得到与最初思考相同的直觉，这就是正确的解答了。

一旦迷惘时，把铅笔当成骰子来用，随便乱猜的人当然无法得到正确的解答。直觉法也可以运用在生意上的各种情况。

67 创造强韧精神的辅助音乐
——节拍器的魔术

获选为奥运代表的射击选手，使用节拍器咯吱咯吱的单调音培养高度的集中力。利用声音刺激头脑来提高集中力，效果极大，这是经由心理学证明的事实。

你会利用何种声音呢？

◆意识清晰的音乐、意识沉睡的音乐

大脑生理学家品川嘉也说："大脑刺激的锻炼法是侧耳倾听节拍器，有时闭上眼睛走路，按住右耳，只用左耳听声音，听波涛或者是潺潺流水的录音带等等。"

晚上无法成眠，但在电车上却容易熟睡。并不是说电车的环境对于睡眠很好，而是咕咚、咕咚单调的车轮声以及摇晃身体的振动产生强烈的睡意。

心理学认为变化或变动会导致精神的紧张，而单调则会使得精神放松。

因此，节拍器的声音或者是电车振动等单调的声音反复出现时，就能镇定神经，使得全身机能放松。

这种心理效果，在从事必须集中精神的工作时，或者是因为失眠而烦恼时都可以利用。

例如，雨滴的声音、节拍器的声音等等，短时间听这些声音，能够放松紧张、提高集中力。长时间听的话，能够使全身放松、得到安眠。

听音乐当然也很好，但是要选择速度不快、安静的曲子。依症状之别为各位推荐如下的古典音乐：

①一般人想要镇定情绪……巴哈的"幻想曲"、"弥撒曲"、莫扎特的"弦乐四重奏"、贝多芬的"弥撒曲"。

②头痛……加休伊的"巴黎的美国人"、贝多芬的"罗曼史"。

③神经衰弱……比才的"卡门组曲"、李斯特的"匈牙利狂想曲"。

④歇斯底里……贝多芬的"田园"、门德尔松的"仲夏夜之梦"。

68 影响"气"的色彩心理
——环境暗示法

在英国有一座黑色桥，是自杀的胜地。涂成明亮的绿色之后，自杀者减少了三分之一。

你对于色彩的心理效果是否非常敏感呢?

◆一张壁纸就能缩短或增长时间

西班牙俗谚："事物并不是其原来的样子，而是我们看到的样子。"

心理学认为待在暖色系房间中的时间比实际上感觉

更长，待在寒色系的房间中，感觉比实际的时间更短。

也可以经由照明得到同样的效果。在温暖的电灯泡下，人能够觉得放松，感觉时间非常悠闲，但是在荧光灯下却具有活动性，感觉时间过得很快。

把这个方法应用在会议室而选择油漆色彩的公司并不少。需要进行清楚谈话的公司内用会议室，使用的是蓝色系列的墙壁以及寒色的椅子和荧光灯。相反的，希望对方能够放松的接待室则统一使用米黄色，而且使用电灯泡的间接照明。但如果是生意上的交涉，则也必须在会议室接待对方。

由此可知，色彩和照明会对心理状态造成极大的影响。

所以，一般人可以依照自己想要做什么而变换衣服或者是领带、房间、桌子、文具等的颜色。

颜色的印象依性别、年龄、国家的不同而有不同，不过，为各位介绍一下色彩心理学中一般颜色与感情的关系。首先是色相。

暖色——温暖、积极、活动的

中性色——中庸、平静、平凡

寒色——寒冷、消极、沉静

——具体的颜色如下：

红色——活动的、积极的、欢喜、兴奋与激情

黄色——快活、明朗、愉快、活动的朝气

粉红色——温柔、可爱

绿色——安详、平静、年轻、理想

紫色——严肃、神秘、温柔、不安

蓝色——平静与自信、沉静、深远、寂寞

白色——纯洁、清新

黑色——阴郁、不安、严肃

例如，想在自家书房里积极工作，则桌上的小配件

可以使用红色。但如果连地毯都使用红色系列，刺激性太强。

整个房间的统一照明也很有关系，例如小物件可以使用大胆的颜色，而墙壁和地板则可以按照常识来决定。如此一来，作业效率和气氛完全不同。

69 转职是适性还是懦弱
——拉斯金的条件

根据日本首相府所发表的离职原因，前10名是：①工作不适合；②对于工作和自己感觉不安、厌恶；③与上司、同事不合；④劳动时间等劳动条件不好；⑤希望培养更好的技术和技能；⑥薪水太低；⑦条件与最初约定的差距太大；⑧想找条件更好的工作；⑨能够转换职业的诱惑；⑩宿舍等福利设施较差——

你是否发现前三名和适性、性格有关呢？

◆只考虑自我实现与自己的能力

英国思想家卡莱尔说："这世上最后的福音，就是知道而且完成你的工作。"

英国美术评论家拉斯金曾说："人如果要高兴地工作，需要以下三点：适合的工作、不要工作过度以及做了之后觉得能够顺利做下去。"

对于中国人而言，不要工作过度似乎很难办到，不过这三种当中，有两种是适性的问题。一般而言，适性的心理问题比能力更重要。

如果能以客观能力测量适性，我想，考虑转职的人几乎都会辞去目前的工作，而转向更能发挥自我的职业了。

但是考虑适性时，大部分的人都会受到脱离团体规范与团体压力的纠葛、不公平感、任务期待的矛盾、精神报酬的不满等等心理因素的影响。"是不是因为自己的韧性以及努力不足呢"、"改变性格就好了吧"、"为什么只有自己不行呢"，感觉到迷惘，很难找出答案来。

但是，心理的摩擦与不安、不满，不管到哪一家公司去，只是换个形态而已，这些问题一定还会存在。

因此，在考虑转职或者是独立时，将问题集中在"能力"与"自我实现"上来考虑，较容易得到结论。

这两者是有密切相关的。有能力的话就能够实现自我，就好像有人说"因为喜欢所以很拿手"一样，因为具备了能够实现自我的能力，所以做起事来称心如意。

70 借着宣布要做而使其实现
——态度改变的方法

A君是个老烟枪。但是在参加派对时，看到隔壁的女性因为其他男性抽烟而很不高兴的表情，因此对周围的男性说道："你这样会造成别人的困扰，难道你不知道不应该在公共场所抽烟吗？"

有趣的是从这一天之后，A君自己的吸烟量也锐减。

而且现在只是偶尔在吸烟角落吸烟而已。看到同事吞云吐雾时，他也说："吸烟的常识是不可以造成他人的困扰喔！"用在派对时同样的台词劝其他的吸烟者。

◆在自己心中播下"不协调"的种子

西班牙大提琴家卡沙尔斯说："人生中最优先的事项，就是要完成想要完成的目标。"

人类的态度或信念有顽固的一面，但是有时却因条件的不同很容易改变。这是经由行动心理的实验所证明的事实。

首先说明一下**"改变信念的心理构造"**。

①展现与自己态度或信念不同的行动时，心中产生矛盾，形成自我对立（认知的不协调）。

②再继续下去就会提高紧张感与不安，而容易造成神经衰弱。

③而为了消除认知的不协调，就会改变心理的态度或信念。

也就是要改变自己，必须故意制造出认知的不协调。而为了消除这种不协调，心理发挥强力的作用，结果就能够形成意志坚定的行动。

例如，软弱的人遇到最难以应付的顾客时，可以公开对同事或上司说："我一定能够应付那一型的人。"

如果内心认为"这个新人真是笨蛋"，这种想法在心里一直挥之不去，没有办法顺利管理部下的人，那么可以对干部和同事说："部下就好像是自己的家人一样，一定要善待他们。"

如果身边出现与现实的自己完全相反的人、事物时，就会形成很大的认知不协调。自我难以忍受监视者的视线，就会改变现实的自我。

在你周边应该有表明"我要戒烟"的决心、结果
成功戒烟的人吧！但这只是一种单纯的事情，如果是与
工作或性格有关的问题，则能够实行到何种地步呢？超
过了哪个地步就会遭人埋怨说"那个人只是嘴巴说说而
已"，一定要仔细分辨一下才行。

71 "同病相怜"不安的消除法
——亲和欲求的满足

美国心理学家夏克塔做了以下的实验。对女学生说明
"要进行利用电击调查心理学效果的实验，非常痛苦，
但是不会损伤肌肤，或是对心脏造成影响"。然后再询
问"准备好之前要待在个人房还是在大厅和大家在一起
呢"。电击当然只是谎言，而这个实验大部分的女学生
都选择要和其他人待在同一个房间里。

◆不安减弱就能增强斗志

塞尔维亚俗谚说："要了解朋友的价值，不是在用餐的席上而是在监狱里。"

人在不安时就会强烈要求和别人在一起，这就是一种亲和欲求。反过来说，当亲和欲求满足时，心理上的不安就能消除，也能增强挑战现实不安的力量。

重点就是与自己立场类似，遭遇、性格类似的人在一起，才更能够充分地满足亲和欲求。也就是所谓的"同病相怜"。

但是，也有与亲和欲求类似行动、关于对人好恶的自尊理论。

心理学家威尔斯塔曾对大学生做过如下的实验，亦即对女子进行性格测试，将结果分为非常好与非常不好两种，并让女子知道结果。之后，让同样要接受测试的男子邀约女子用餐，并且询问女子们对于男子是否抱有好感。

测试结果显示非常好的女子，几乎都不对男子抱持好感，反之，测试结果显示非常不好的女子，几乎都对男子抱持好感。

也就是说，由于性格测验降低了自我评价，人在自尊心受损时较容易接受他人。

应用这个心理，则能够与难以接受的人或是缘分较浅的人建立关系。如果能够建立一个怀才不遇时的心理伙伴，则遇到你自己要求满足亲和欲求的事态时，询问对方"接下来要开会，你觉得这个企划怎么样呢？""我想听听你的意见"，相信所接触的对方一定会令你觉得满意。

72 力量来自于短眠
——印象熟睡法

睡眠能消除身心疲惫的理由最近才知道。睡眠能够更新头脑，是因为头脑发挥作用所需要的物质是在睡眠中制造出来的。这个物质在夜间由大脑的神经细胞大量制造出来，而白天使用掉。

你是否能得到好的睡眠、好的清醒呢？

◆暗示自己只要睡三小时就足够了

美国科学家富兰克林说："走进坟墓里就有足够的睡眠时间。"

该怎么做才能得到好的睡眠呢？

有的人短暂睡眠就能够神清气爽，有的人即使睡了十小时仍然残留疲惫感。也就是睡眠重要的不是时间（量）而在于熟睡度（质）。

拿破仑等许多成功者都只有短时间的睡眠，非常努力工作，但却能够得到深沉的睡眠。换言之，当他们躺下来时，就能同时进入深沉睡眠状态。

能够办到这一点，就必须要培养睡觉时完全摒除杂念的方法。对于工作的担心、对于将来的不安以及担心恋人的问题等等杂念，一躺在床上之后，如果残留在头脑中，则恐怕很难入睡，而且即使睡着之后，还是会隐

约地想起这些问题，使得睡眠较浅。

要防止这种现象，可以使用使自己更快进入深沉睡眠的自我暗示法。

"我只要睡眠三小时就足够了。只要睡三小时就能完全消除疲劳、头脑灵活。"躺在床上时对自己这么说。

反复念三次，想着自己能够清爽地清醒，从所有的杂念中解放出来。

当然要花一段时间才能够习惯，可是一旦得到这种熟睡体验之后，就会进展得比较顺利了。

瑞士法学家、哲学家希尔提曾说："过多的休息和太少的休息，同样会感觉疲劳。"在美国，"睡眠疲累症候群"也成为话题。所以不要打算睡很久，暗示自己只要睡三小时就足够了。

73 经常消除疲劳
——瑜伽术

产生于印度的瑜伽，能够有效地增进健康、强化精神。它的特征不是锻炼身体而是能够去除偏差、调整身体的平衡。看似奇妙的姿势，却能够伸展平时不常使用的肌肉、矫正骨骼或肌肉的歪斜、放松僵硬的程度，使血液循环顺畅。任何人都能够简单地实行，所以不要认为"瑜伽算什么"，就当是做伸展体操好了，要纳入日常生活当中。

◆伸展背部、矫正身体的偏差

美国科学家富兰克林说："不要到了为时已晚的地步才说自己生病了，不要言之过早地说自己的病已经好了。"

光是一颗牙齿痛就会降低工作的效率，疲累时判断不清晰。所以，健康是精神力的根源。

尤其非常重要的一点，就是不要积存疲劳。即使不会感觉疲劳，也要在日常生活中尽量放松身心。

从瑜伽的许多姿势当中，为各位介绍有助于消除疲劳的"伸展背部姿势"。能够清除精神的不安，同时使得腹部内脏的功能提升。

做法非常简单：

①双脚并拢坐下，伸直双脚，手臂放下。

②上身往前倾，弯曲左右的食指，勾住左右脚的拇趾。够不到的人双手可以握住脚踝附近。

③用勾住的食指将脚的拇趾拉向面前，尽可能地伸展背部，同时吸气。

④静静吐气，同时上身好像弯曲到脚上似的。最后脸碰到腿，身体前屈。手臂弯曲到手肘处。手肘尽可能地贴于地面。

⑤静静地深呼吸之后，保持④的姿势。从十五秒开始逐渐拉长时间，习惯恢复做到一分钟为止。

⑥慢慢地回到①的姿势。

——反复做三次。

伸展背部的姿势

只要短暂的时间就能完成，结束这个姿势之后，感觉就好像早上刚清醒似的，神清气爽。持续长时间的工作之后，做起来特别有效。

此外，做这个姿势时要注意膝盖不可弯曲、不可离开地面。还要注意身体不可以摇晃、不可以请别人为你压住背部。

一般而言，做瑜伽时要松开皮带，尽可能穿宽松的服装。如果是在家里的话，穿睡衣最适合。

74 吐出压力、吸进活力的呼吸法
——禅的活用

禅是佛教，同时也是非常好的健康法。例如日本临济宗之祖白隐禅师，年轻时经过严格的修行，身心衰弱、濒临死亡，但是却创造出独自的健康法，恢复了健康。就是因为有健康才能大彻大悟。

寺庙中真正的坐禅非常困难，但是纳入禅技巧的压力消除法则随时都可以进行。为各位介绍活用禅呼吸法的方法。

◆只要花五分钟就能增强活力

西班牙俗谚："简单的事情要当成难的事情来做，难的事情要当成简单的事情来做。"

这是称为步禅的方法。

所以不像坐禅需要场所。只要在路上或者是走廊就足够了。时间很短，活用零碎的时间来进行就可以了。

做法很简单。"一、二、三"，走路时脚的动作配合呼吸的节奏就可以了。

①数"一"开始吐气，踏出最初的一步。不论是左脚或右脚都可以，在此是使用右脚。

②数"二"的时候秘诀就在于要拉长尾音。数"二"时要吐气，同时踏出左脚，一边继续拉长尾音一边伸出右脚。这个拉长的音使吐出的气息变细，从停止的状态变成下一次开始吸气时的交界处。

③数"三"吸气，踏出左脚。

——如以上的方式，反复"一、二、三"。

重点就是两次吐气之后不要立刻吸气，数"二"的尾音时要有一点空当的时间。有一点空当的时间就能够产生心灵的余地。

以慢慢吐气为主，充分吐出气息，自然将气息吸入肺部。

我们平常的呼吸法只使用一部分的肺机能，利用这个方法吐尽气息之后再吸气，是能够使用到整个肺部的呼吸法。

　　工作或学习疲劳时，花五分钟使用这个方法，能够使头脑清晰、去除疲劳，心情变得更开朗。

　　和他人见面会怯场的人，在到达等待的场所之前实行这个方法，就能够放轻松，去见他人也不会怯场了。

　　会议前使用这个方法非常有效。能够镇定精神，进行冷静、正确的判断及发言。在会议中悄悄地进行几次这种呼吸法，能够使睡意全消。

　　这个呼吸法不在意时间的长短。有空的话，可以积极地进行。

75 强健身体、活化心灵
——忙中健康法

法国思想家蒙田曾说："健康真的很珍贵。这是值得人类不惜时间、汗水、劳力和财宝，甚至奉献生命来追求的唯一东西。"

健康是成功的能力之一，健康来自于习惯。最近将成人病称为"生活习惯病"，由此可知规律生活的重要性。健身、运动或流汗是好的健康法，但是要累积日常的功夫，这才是不会花费时间、功夫及金钱的最高健康法。

◆为什么他们能从事不同的事业得到健康、长寿呢？

女演员英格丽·褒曼说："幸福的关键在于，健康与健忘。"

成功者各自拥有独特的健康术。其中，举几个能够简单学习的例子，当作现代人的参考。

·毕达哥拉斯（希腊数学家、哲学家）……两餐主义，戒肉食，黑面包上涂蜂蜜，吃蔬菜。

·希波克拉提斯（希腊医学家）……适度的饮食。冷水擦澡。身体训练。

·威巴（德国经济学家）……适当地摄取食物和饮料。绝对不摄取刺激性的食物或者是酒。保持室内外空气的清洁。每天做适当的运动。早睡早起，睡眠不超过六到七小时。每天沐浴、摩擦身体。保持精神的安静。

·格拉德史东（英国政治家）……熟睡。每一口都要咀嚼三十二次，早餐前散步。禁烟、禁酒。

·尼采（德国哲学家）……食量很大，但不吃点心。不喝咖啡，只有早上喝茶。喝水，不喝啤酒或葡萄酒。

·康德（德国哲学家）……保健的基本是晚上十点到早晨五点的七小时睡眠。早餐喝两杯茶，抽一袋烟。下午一点吃午餐。内容是汤、鱼肉、奶油和乳酪等，夏天则加上水果。滴酒不沾。

·歌德（德国诗人、作家）……早上工作到十一点，然后喝一杯巧克力。下午两点用餐。非常喜欢点心，但是一天只喝二到三杯葡萄酒。

·爱迪生（美国发明大王）……只吃面包、蔬菜、水果，不吃肉，偶尔吃点沙丁鱼。饮食为常人的一餐份。不睡觉，专心工作。

·安田善三郎（明治、大正时期的企业家、安田财团之祖）……早上洗澡。菜食主义。控制烟、酒的摄取量。

·南方熊楠（民俗学家）……为了使酒精流出体外而大量地喝水。

·胜海舟（幕府末期、明治时期的政治家）……饮食为一汤二菜的小食主义。

·德川梦声（艺能家、随笔家）……用餐时间不定，肚子不饿绝不吃东西。一天洗两次澡以上。

·宝井马琴（评论家）……睡眠八小时，努力工作，吃很多。

◆检查身心的平衡

法国箴言作家拉·洛休夫克说："借着严格的养生之赐，保持自己的健康，不容易罹患疾病。"

以下的项目，你符合哪几项呢？

①表情不生动；②血色不好；③不会笑；④脸上的皮肤没有光泽；⑤消瘦，眼睛出现黑眼圈；⑥经常眨眼或是眨眼过少；⑦眼睑抽动；⑧嘴唇干燥；⑨嘴唇缺乏紧密度；⑩经常打哈欠；⑪懒得说话；⑫说话不顺畅；⑬头往前倾；⑭上身往前倾；⑮走路弯腰驼背；⑯走路时脚步沉重；⑰头晕、耳鸣；⑱叹气；⑲打盹；⑳思绪不集中。

二十项当中如果符合五项以上，则表示你的健康度很低。

那么"健康"是什么呢？

有的人自认为很健康，但事实上却是需要治疗的病人，有的人认为自己生病，可是却无异常。WHO（世界卫生组织）认为健康的定义是"所谓的健康，就是精神、肉体的健全状态"。但是叙述太过于抽象，大家都不了解。

具体而言，应该是以下的情况：

①持续每天清爽地清醒

每天早上勉勉强强地起床，当然不健康，但偶尔保持清爽的清醒也不算是健康。一定要每天早上都觉得好像重生似的，有一种爽快的清醒感。

②睡得很好

躺在床上五分钟之内，最长二十分钟以内就会熟睡，一觉睡到天亮。不容易熟睡或是睡眠较浅、容易醒来，表示身心有问题。此外，一坐上车子或是会议开始不到五分钟就睡着的人也不好。

③无法随时保持笑容

生病当然笑不出来。也就是说，具有魅力的笑容是在全身健康的状态下才能产生的。不愉快的表情或态度，不光自己心情不好，也会使周遭的人不愉快。

④不健忘

成功者，即使年龄增长，记忆力还是很好，头脑功能健全。记忆力就是脑力和健康的象征。

⑤随时拥有感谢的心

心灵得到满足时，身体功能才能顺畅、健全。生气时胃液分泌减少，会造成肠痉挛，而且容易罹患疾病。

活用这些检查表，就能知道自己的健康度，制定充分的对策。

76 不增加恶习的健康法
——规律健康法

大脑生理学家时实利彦曾说"人类要尽量活动"。这就是因为现代人不体贴自己身心的疲劳，反而会发生太多的疾病。其代表就是成人病（生活习惯病）。这种疾病，极言之是自己制造出来的。

你是否已经认真地谋求预防对策了？

◆习惯病始于肥胖

美国笑话："最畅销的书是烹饪书，其次则是减肥书。"

世间的成功有很多种。但是人生的成功就是能够健康地活着。现代人的死因大多是成人病，基于这个事实来考量、预防成人病，才是人生成功的秘诀。

一般而言，成人病是随着老化一起进行的。成人病不是特别的疾病，是我们身体使用老旧之后的结果。

但这是一般论，事实上年龄与成人病的关系具有很大的个人差。

成长期（二十五岁之前）的个人差为正负二岁，而接下来则可能差距五年、十年，甚至更多。关于其差距，圣路加医院的日野原重明则说："与其称其为成人病，还不如称其为习惯病。因为建立良好习惯就能够延迟发生，而且症状比较轻微，如果建立恶习，则会提早发生，且病情严重。"

也就是成人病可以借着饮食、运动等充分预防。

是否能够预防的指标就是肥胖度。

◆饮食重质不重量

欧洲俗谚："送牛乳的人，比喝牛乳的人更健康。"

肥胖的原因不外乎是①摄取必要以上的热量，②代谢（营养素的燃烧与利用）衰退这两点。因此，饮食不光是不要吃过多，而且要求摄取均衡。不规则的不良饮食会使得代谢衰退。

"免于肥胖"具体而言，要遵守以下的事项：

①禁止空腹感

为了避免摄取热量而减少饮食量，会长期持续空腹感，同时因为反弹而突然大吃，会变得更胖。可以利用低热量的蔬菜或是无热量的海藻和蕈类保持饮食量。此外，很多人将油脂类视作肥胖的大敌，但是它停留在胃中的时间较长，因此适量的摄取反而有抑制空腹的效果。

②摄取营养均衡的饮食

能够充分燃烧脂肪的蛋白质，在燃烧糖类时需要维生素B_1。一旦缺乏时就会造成营养不均衡，即使是低热量的食物，效果也比较小。

③三餐要正常

只吃三餐，但是肚子一饿就容易吃点心。一般而言，用餐次数减少的话就会变得不健康，而且会提高营养的吸收率。

④适度的运动

虽然不能立刻消瘦，但是运动具有使代谢旺盛的效果。脂肪开始燃烧是在开始运动后的二十分钟左右。

77 一定要实行的七项自我控制方法
——身心健康法

死亡不是从正面攻击过来的，而是突然从后面勒紧你的脖子，所以朝着成功不断奔驰的话，也许在你尝试到成功的果实时，却突然"死亡"。对老人而言长生是目的，对年轻人而言却是安心保证。以前平均五十岁就会死去，而现代有很多人活到七十岁以上，所以人生的计划完全不同。

◆满足地活着

美国作家里昂·耶尔德雷特说："想要长生就要重视身体。"

为了得到"**长寿与健康**"，加州大学指示以下七项重点：

①保持标准体重

过瘦会缺乏体力和耐力。肥胖当然也不好。心脏会有负担、血压会上升，糖尿病等成人病会加速出现。男性受到肥胖害处的影响尤其大；而女性肥胖的害处不像男性那么大。所以女性肥胖不见得是不自然的现象。

②戒烟

尼古丁会破坏维生素C、减弱对抗压力的抵抗力、刺激副肾皮质荷尔蒙的分泌、提高血压、丧失食欲、阻碍氧的供给等，全都是不良的结果。

③不可以不吃早餐

不吃早餐，则往往会造成午餐、晚餐的增量，提高营养素的吸收率，成为肥胖的原因。太忙或是没有食欲的人，也要喝一些冷饮或者是含有咖啡因的饮料，以及维生素较多的食品。

④避免摄取点心

用餐的次数增加，本身并没有什么不好。但是点心大多是甜点，因此不太好。少吃点心，认真地吃午餐，而且要稍微摄取一些有脂肪的饮食。

⑤适度运动

运动有助于防止肥胖，但是也可能会使食欲大增而发胖。运动的目的不在于减肥，而在于提高心肺机能以及代谢机能、锻炼足腰。减肥则是以后的事情。一周两次，每次花一小时的时间慢跑、打网球、做体操等。

⑥戒酒或节酒

不能喝酒的人不要勉强喝酒，要戒酒。能喝酒的人，一天的酒精量至多二十五克。酒具有使防止动脉硬

化的 "好胆固醇" 增加的效果。日本酒可以喝一壶，葡萄酒喝两杯，啤酒喝四杯，威士忌类则是单份两杯。当然也要一并摄取下酒菜。

⑦取得七到八小时规律的睡眠

无法熟睡则无法消除疲劳，血压会上升、增加心脏的负担。睡前吃东西，睡觉会觉得很难过、胃不舒服，胃强健的人则有肥胖的倾向。最好在睡前的二到三小时结束晚餐，如果吃夜宵，要选择脂肪较少的食物，少量摄取。睡前喝酒会成为肥胖的原因，而且会因尿意或者是口渴而在半夜醒来，所以最好避免

图书在版编目（CIP）数据

超强说服力 / 林郁著. —— 南昌：百花洲文艺出版社，2013.4
（心理实验室）
ISBN 978-7-5500-0557-0

Ⅰ．①超… Ⅱ．①林… Ⅲ．①说服－通俗读物 Ⅳ.①H019-49

中国版本图书馆CIP数据核字(2013)第066849号

本书由新潮社授权
江西省版权局著作权合同登记号：图字14-2013-149

超强说服力

林 郁 著

出 版 人	姚雪雪
责任编辑	余 茳
特约编辑	喻任如
美术编辑	方 方
制 作	何 丹
出版发行	百花洲文艺出版社
社 址	南昌市阳明路310号
邮 编	330008
经 销	全国新华书店
印 刷	江西新华印刷集团有限公司
开 本	890mm×1240mm 1/32 印张 8.5
版 次	2013年5月第1版第1次印刷
字 数	150千字
书 号	ISBN 978-7-5500-0557-0
定 价	21.00元

赣版权登字 05-2013-81
邮购联系 0791-86894736
网 址 http://www.bhzwy.com
图书若有印装错误，影响阅读，可向承印厂联系调换。